365
días de oración
para las mujeres

BroadStreet
ESPAÑOL

BroadStreet Publishing Group LLC
Savage, Minnesota, USA
Broadstreetpublishing.com

365 días de oración para las mujeres

© 2019 BroadStreet Publishing

978-1-4245-5573-4

Oraciones compuestas por Stephanie Sample.

Diseño de Chris Garborg | garborgdesign.com
Compilado y editado por Michelle Winger | literallyprecise.com
Traducción y adaptación del diseño al español | www.produccioneditorial.com

Impreso en China.

18   19   20   21   22   23   24   7   6   5   4   3   2   1

"En esos días, cuando oren,
los escucharé."

JEREMÍAS 29:12 NTV

Introducción

Seas quien seas, aunque lleves años orando o este sea tu primer devocional de oración, esperamos que te sientas inspirada y bendecida por las oraciones diarias escritas en este libro. La oración, al fin y al cabo, es una conversación con Dios. No te hace falta usar palabras complicadas o recitar largos pasajes de las Escrituras. Solo tienes que hablar con Dios. Abrir tu corazón. Él te ama con locura y escucha cada palabra que dices.

Algunos días tus oraciones estarán repletas de gratitud; otros, de arrepentimiento o de necesidades. Limítate a dejar tu corazón y tus oraciones a los pies del Padre y espera a su poderosa respuesta.

Que Dios te bendiga en tu conversación diaria con él.

A medida que vayas desarrollando el hábito de orar, ten presente lo siguiente:

Alaba

Empieza por decirle a Dios lo maravilloso que es. Céntrate en el atributo por el que te sientes agradecida.

Arrepiéntete

Antes de presentar lo que necesitas ante Dios, detente. Tómate un momento para examinar tu corazón. Si Dios te revela algún pecado sin confesar, llévalo ante él y pídele perdón.

Pide

¿Qué necesitas de tu Padre celestial hoy? Pídeselo con valentía; él está esperando a poder concederte las peticiones de tu corazón.

Ríndete

Pide como si Dios fuera a concedértelo y ríndete a su voluntad. Reconoce que puede que él sepa algo que tú no sabes o que quizá tenga algo incluso mejor para ti. Confía y acepta cualquier respuesta que recibas.

Enero

La oración ferviente de una
persona justa tiene mucho poder
y da resultados maravillosos.

SANTIAGO 5:16 NTV

Tu plan es perfecto

El corazón humano genera muchos proyectos,
pero al final prevalecen los designios del Señor.
PROVERBIOS 19:21 NVI

Dios, aquí estoy, imaginando el año que ahora
viene, y no puedo evitar reflexionar en el anterior.
Pienso en los planes que hice y veo tu huella en
cada recuerdo. Gracias por saber lo que realmente
necesitaba, independientemente de lo que estuviera
planeando. Cada vez que salí airosa (y cada vez que
fallé), ahí estabas tú, protegiéndome e indicándome
que acudiera a ti. Perdona mis ambiciones egoístas y
malas decisiones del año pasado, y pon en mí el deseo
de hacer tu voluntad, de hacer lo que tú quieres. Tu
plan para mi vida es perfecto; permíteme recordarlo
mientras me planteo el año que ahora viene.

¿En qué querrías ver cambios este año?

Elegir bien

Fíate de Jehová de todo tu corazón,
y no te apoyes en tu propia prudencia.
Reconócelo en todos tus caminos,
y él enderezará tus veredas.
PROVERBIOS 3:5-6 RV60

Dios, tú eres completamente fiel y te confío mi vida por completo. Cada decisión es importante para ti: desde las palabras que digo o la comida que como hasta el lugar donde vivo y trabajo. Incluso aunque a veces elijo de forma egoísta (lo que es fácil, lucrativo o divertido), tú siempre me perdonas. Tú decidiste enviar a tu hijo perfecto, Jesús, para pagar por mis pecados; ¿cómo puedo dudar que escucharás mis oraciones y me conducirás a las mejores decisiones? Guíame ahora, Padre, a elegir bien cómo pasar este momento, este día, esta vida.

¿Estás preparada para confiarle a Dios tu vida por completo?

Este trabajo importa

Y todo lo que hagáis, hacedlo de corazón,
como para el Señor y no para los hombres.
COLOSENSES 3:23 RV60

Dios, sé que tus caminos son perfectos y que me has puesto exactamente en el lugar en el que estoy por un motivo. Aun así, hay momentos en los que mi vida se convierte en una monotonía inacabable. ¿Cómo puede ser importante este trabajo? Estos platos por limpiar, esta entrada llena de nieve que hay que quitar. Ayúdame a recordar que todo lo que hago es para ti. Hazme retirar la nieve de esta entrada como si fueras tú quien va a andar por ella, o a limpiar los platos como si tú fueras a comer en ellos. Permíteme entrever por un momento, cuando lo necesito, las muchísimas cosas que has hecho por mí sin esperar que te diera las gracias y dame la energía para hacer el trabajo que tengo por delante como si fuera para ti.

¿Qué motivo tienes para hacer todas tus tareas?

Una influencia positiva

Así brille vuestra luz delante de los hombres,
para que vean vuestras buenas acciones y glorifiquen
a vuestro Padre que está en los cielos.
MATEO 5:16 LBLA

Jesús, gracias por tu ejemplo perfecto de cómo vivir en la luz. Tu bondad me inspira para ser una influencia positiva en mi hogar y en mi comunidad. A veces me olvido de esto y me comporto de formas que no reflejan tu belleza y resplandor; lo siento, Señor. Recuérdame que debo poner mi lámpara en el candelero, brillando con fuerza, y animar a los demás a hacer lo mismo. Hazme vivir de un modo que los demás se vean atraídos hacia ti. Haz que, al verme y oírme, sepan que soy tuya. ¡Haz que mi vida te dé gloria!

¿Cómo harás que tu luz brille hoy?

Pon amigos alrededor de mí

Si caen, el uno levanta al otro.
¡Ay del que cae y no tiene quien lo levante!
ECLESIASTÉS 4:10 NVI

¡Dios, eres un amigo tan fiel! Nadie podría preocuparse por mí tanto como tú. Sé que nos has diseñado para relacionarnos con los demás y ansío estar rodeada de gente, especialmente de aquellos que te aman. Te doy las gracias por los amigos que me has dado: personas a las que echar una mano y que te echan una mano, y te pido perdón por aquellos días en los que no las aprecio tanto como debería. Te pido, Señor, que sigas enriqueciendo mi vida con amigos. Llévame a relaciones que me hagan abrirme más al ver otras formas de vivir, de amar y de volcarnos unos en otros.

¿Cómo puedes ser una amiga fiel?

En momentos bajos

Claman los justos, y Jehová oye,
y los libra de todas sus angustias.

SALMO 34:17 RV60

Padre, hay días en los que solo me apetece arrastrarme hasta tu regazo y acurrucarme. Cuando paso varios días seguidos así y me encuentro en un momento bajo, me consuela saber que tú ves mi tristeza y que nada te gustaría más que quitármela. No piensas que soy una ingrata o una egoísta durante esos días; simplemente, me amas. Gracias por el refugio de tus brazos, el consuelo de tu abrazo y la liberación de tu amor perfecto. Abrázame con fuerza hoy, Abba Padre. Oye mi llanto y recuérdame lo que significa ser tu queridísima hija.

¿Necesitas que tu Abba Padre te abrace con fuerza hoy?

Permanece en mí

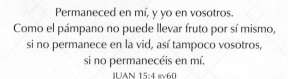

Permaneced en mí, y yo en vosotros.
Como el pámpano no puede llevar fruto por sí mismo,
si no permanece en la vid, así tampoco vosotros,
si no permanecéis en mí.

JUAN 15:4 RV60

Señor Jesús, no puedo entender por qué a veces intento hacer las cosas dejándote a un lado. Esto solo producirá frutos amargos e inmaduros, pero parece que lo olvido una vez tras otra. Y parece que tú me perdonas otras tantas veces. Eres tan paciente conmigo cuando intento hacer las cosas a mi manera, incluso cuando sé perfectamente que permanecer en ti es el único camino. Jesús, ¡haz que no me aleje de ti! Recuérdame cuánto te necesito cuando empiezo a pensar que puedo hacer las cosas yo sola. El fruto que produce una vida en ti tiene el sabor más dulce que he probado jamás; es la única manera en la que quiero vivir.

¿Permaneces solo en Dios?

Comprometida por completo

Sea, pues, perfecto vuestro corazón para con Jehová
nuestro Dios, andando en sus estatutos y guardando
sus mandamientos, como en el día de hoy.
1 REYES 8:61 RV60

Dios, te pertenezco. Te amo con locura y quiero que mi vida esté completamente comprometida contigo. Soy consciente de que hay días (demasiados) en los que no me comporto como si esto fuera cierto, pero no es eso lo que hay realmente en mi corazón. Sabiendo que Jesús dio su vida perfecta por mí, yo solo quiero honrar su sacrificio haciendo lo mismo. Como soy débil, sé que, aunque quiero hacer esto, no soy capaz de hacerlo sin ayuda. Dame fuerzas, Dios, para vivir mi vida para ti. Rindo a tu voluntad todo lo que soy y todo lo que tengo.

¿Cómo puedes estar completamente dedicada a Dios?

Líbrame

Y no nos dejes caer en tentación,
sino líbranos del maligno.
MATEO 6:13 NVI

Dios, hay tanta, tanta maldad en este mundo...
Cada día hay nuevos peligros, desastres o
depravaciones que conspiran para alejarme de la paz
de una vida vivida contigo. Resulta tentador dejarse
llevar por la rabia, el miedo o mis propios placeres;
a veces lo hago. Pero eso no es lo que quieres, y
solo quiero vivir mi vida como tú quieres. Así que
perdóname, por favor. Perdóname y líbrame, Señor,
de las visiones, sonidos y pensamientos malvados
que bombardean mis sentidos. Líbrame del mal y
llévame a tu paz perfecta, aquel lugar donde nada de
todo esto puede tocarme.

**¿Estás lista para que Dios te libre del mal y te dé
su paz perfecta?**

Exígeme más

De manera que cada uno de nosotros
dará a Dios cuenta de sí.
ROMANOS 14:12 RV60

Señor, reconozco tu autoridad por encima de todo. Sé que si hoy tuviera que rendir cuentas de mí, de mis pensamientos y acciones, y lo comparara con los maravillosos planes que tienes para mi vida, vería que no estoy a la altura. Estoy convencida de que me perdonarías y me darías la bienvenida como hija tuya, pero yo sabría que podría haber hecho muchísimo más para honrarte y para tu reino. ¡Exígeme más, Padre! Exígeme que cumpla con tus altos estándares y pon en mí el deseo y las ganas de estar a la altura para que, cuando te conozca cara a cara, pueda estar segura de que te complazco.

¿Qué formas tienes de rendir cuentas?

Cuánta gracia

Porque de su plenitud tomamos todos, y gracia sobre gracia.
JUAN 1:16 RV60

Dios, ¿cómo puedo empezar a agradecerte tu gracia? Por definición, no soy merecedora de ella: lo demuestro día tras día. Cada mala decisión, cada pensamiento desagradable, cada pecado (grande o pequeño) magnifican tu gracia hasta que es tan inmensa que es lo único que puedo ver. De forma imposible, tú me amas, haga lo que haga. Ni siquiera tengo que pedírtelo; creo que es lo que me maravilla más. Antes de saber que necesito algo, tú ya me lo has dado. Libremente, maravillosamente, de forma gratuita, tú derramas con generosidad tu amor y perdón sobre mí. Cuán completamente inadecuadas son las gracias que ofrezco a cambio, pero ¿qué otra cosa puedo hacer? Te agradezco una y otra y otra vez tu gracia.

¿Le has dado gracias a Dios por su gracia últimamente?

Soledad

Aunque mi padre y mi madre me abandonen,
el Señor me mantendrá cerca.
SALMO 27:10 NTV

¡Cuán maravilloso es recordar que jamás estoy sola! Tú, Espíritu Santo, eres mi constante compañero. Siempre estás aquí para ayudarme, guiarme, consolarme. Aun así, hay días en los que me siento sola. Quizá estoy realmente sola o simplemente en un grupo donde la conversación es superficial, pero ansío una conexión real que no encuentro. ¡Perdóname por olvidar que estás ahí, Espíritu de Dios! Por favor, recuérdame que la soledad es un regalo diseñado para señalarnos al único que realmente nos puede llenar. Solo tú puedes llevarte el dolor de la soledad, Señor. Cuanto más cerca ando contigo, más llena está mi vida, independientemente de quién está conmigo.

¿Cómo te sientes sabiendo que no estás nunca sola?

Reanima y restaura

Por demás es que os levantéis de madrugada,
y vayáis tarde a reposar, y que comáis pan de dolores;
pues que a su amado dará Dios el sueño.
SALMO 127:2 RV60

Dios que nunca duermes, estoy maravillada. A veces intento cambiarme de lugar y tomar el tuyo, trabajando como si no necesitara descansar y quisiera suplir completamente las necesidades de todos los de mi alrededor. Y ahí estás tú, incansable, listo para agarrarme cuando acabo derrumbándome por la tremenda labor que supone todo esto. Gracias por tu inacabable esfuerzo por mí. Nos has diseñado para que alcancemos grandes logros, pero también para que nos repongamos. Recuérdame que necesito descansar y asegúrame que es bueno hacerlo, Señor. Reanímame y restáurame cuando deje atrás toda esta ansia y ayúdame a recordar que, incluso ante mis mayores esfuerzos, eres tú quien realmente me provee de todo lo que necesito.

¿Necesitas que Dios te conceda hoy su descanso y renovación?

Un corazón dispuesto

Por lo tanto, amados hermanos, les ruego que entreguen su cuerpo a Dios por todo lo que él ha hecho a favor de ustedes. Que sea un sacrificio vivo y santo, la clase de sacrificio que a él le agrada. Esa es la verdadera forma de adorarlo.

ROMANOS 12:1 NTV

Padre, quiero darte las gracias por las personas, presentes o predecesoras, que se han sacrificado por mí. Cuando pienso en todos los funcionarios públicos que arriesgan sus vidas para que yo pueda vivir con seguridad y libertad, la gratitud me sobrepasa. ¿Acaso yo me pondría ante el peligro por ellos? Soy consciente de que personas a las que jamás conoceré han sacrificado su salario, su tiempo y su talento para que yo pueda buscarte y relacionarme contigo con libertad. ¿Acaso yo sacrificaría mis recursos para asegurarme de que la siguiente generación te encontrase aquí? Crea en mí un corazón dispuesto a hacerlo, Dios. Voluntario, alegre, repleto de gratitud... Crea en mí un corazón dispuesto a hacerlo.

¿Tienes un corazón dispuesto a hacer todos estos sacrificios?

Aceptar a otros

Por lo tanto, acéptense unos a otros, tal como Cristo los
aceptó a ustedes, para que Dios reciba la gloria.
ROMANOS 15:7 NTV

Como el Padre perfecto que eres, tú nos aceptas
como somos. Entonces, ¿por qué nos cuesta
tanto aceptarnos unos a otros? Parece tan fácil
encontrar el error, echar la culpa y criticar... Pero no
es eso lo que quieres. Este espíritu de competitividad
que hemos adoptado no te da gloria. Si me imagino
a Jesús escogiendo y eligiendo a quién es «digno»
de su aceptación del mismo modo que lo hago yo,
me invade el remordimiento. ¿Quién soy para decidir
quién es digno de ti cuando tú ya lo has decidido?
Todos lo somos. Todos somos bienvenidos.

¿Te has sentido digna hoy? ¿Has hecho que los demás
se sientan dignos?

Corre para ganar

¿No saben que en una carrera todos los corredores compiten,
pero solo uno obtiene el premio? Corran, pues,
de tal modo que lo obtengan.

1 CORINTIOS 9:24 NVI

Señor, cuando pienso en la increíble humildad de Jesús, en cómo podría haber «ganado» en cualquier momento de su vida, a duras penas alcanzo a comprenderlo. A mí me gusta ganar; me gusta tener la razón. ¿Me ayudarás a discernir cuándo son adecuados estos deseos y cuándo necesito dominarlos? Cuando haya un premio que vale la pena, cuando quieras que corra para ganar, te ruego que me des la fuerza, la valentía y la ambición para dar todo lo que tengo por ganar la corona. Y cuando el «presunto» precio sea a costa de una relación con otros, o cuando sencillamente no sea tan importante, dame un empujoncito, Señor, para poner a la otra persona por delante y para bajar el ritmo de mi carrera.

¿Corres para ganar el premio definitivo?

Perdonada

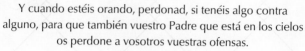

Y cuando estéis orando, perdonad, si tenéis algo contra
alguno, para que también vuestro Padre que está en los cielos
os perdone a vosotros vuestras ofensas.
MARCOS 11:25 rv60

Señor perfecto y sin pecado, has perdonado cada
mal que he cometido, junto con todos los pecados
que todavía están por llegar. No es de extrañar que
me pidas que, antes de pedir cualquier cosa para mí
misma, perdone a aquellos que me han hecho mal.
Con un corazón tan abierto al perdón, ¡cuánto debe
de dolerte que yo me aferre a mi resentimiento o que
alimente mi enfado! ¿Me ayudarás? Muéstrame
dónde se ha arraigado la amargura; inspírame a
reconectar a otros desde el amor y la reconciliación,
y repara cualquier relación que se haya roto por
una vieja herida. Esto es todo lo que te pido en este
momento: ayúdame a perdonar para ser yo perdonada.

**¿Qué cosas que no has perdonado a los demás hay
escondidas en tu corazón?**

Regalos escondidos

Dad gracias en todo, porque esta es la voluntad de Dios
para con vosotros en Cristo Jesús.
1 TESALONICENSES 5:18 RV60

Dios, tus regalos no tienen fin. Desde la respiración que me llena los pulmones hasta el tejado que tengo sobre la cabeza, pasando por cualquier pequeña misericordia que reciba hoy, tú siempre me das buenos regalos. Muchas gracias, Padre, por la atención que me dedicas. Cuando cosas como un semáforo en rojo o una interrupción en la emisión de mi programa favorito me pongan de mal humor, también te doy las gracias por tu paciencia. Ese semáforo en rojo es una oportunidad para recobrar el aliento y conectar contigo, y la pantalla en negro es una oportunidad para leer tu Palabra: regalos escondidos en los inconvenientes. En todas las circunstancias, te doy las gracias.

¿En qué circunstancia necesitas ser agradecida?

Inspírame

Así que Dios creó grandes criaturas marinas y todos los seres
vivientes que se mueven y se agitan en el agua y aves de todo
tipo, cada uno produciendo crías de la misma especie.
Y Dios vio que esto era bueno.
GÉNESIS 1:21 NTV

Maravilloso Dios, mire donde mire veo señales de
tu ingenio, de tu carácter juguetón, de tu creatividad.
¿Cómo decidiste que los patos iban a tener la cabeza
verde, que el lémur se colgaría de la cola y que el
león tendría una melena espectacular? No valoro lo
suficiente este precioso mundo, Señor, cuando debería
estar usándolo para inspirarme. Dios, inspírame hoy.
Dame una idea nueva, una perspectiva renovada,
una inyección de pasión para que mi trabajo sea una
delicia para ambos. Sácame de mi monotonía, Señor,
y levántame la barbilla hacia las docenas de matices
de azul del cielo que tengo sobre la cabeza. Inspírame,
Señor, y envíame a inspirar a otros.

¿Cómo te ha inspirado Dios hoy?

Sin ceder

Si me aman, obedezcan mis mandamientos.
JUAN 14:15 NTV

Jesús, te amo. ¿Cómo no te voy a amar, cuando haces tanto por mí y me pides tan poco? Tú quieres que te ame y que lo demuestre amando a los demás. Cada vez que ignoro una oportunidad de ayudar, de perdonar, de sacrificarme, cedo terreno en mi amor por ti. ¡Pero no es así como quiero vivir! Ayúdame, Espíritu Santo, a superar la tentación. Recuérdame el amor que tengo en y por Jesús, y haz que eso me incentive a tomar decisiones que honren ese amor. Como un niño que quiere complacer a su padre, haz que elija complacerte.

¿Cómo puedes complacer a Jesús hoy?

Estoy cansada

Pero los que esperan a Jehová tendrán nuevas fuerzas;
levantarán alas como las águilas; correrán, y no se cansarán;
caminarán, y no se fatigarán.
ISAÍAS 40:31 RV60

Dios, tu poder no conoce límites. Cuando pienso en lo infinita que es tu fuerza, en lo inacabable de tu capacidad, me maravillo. Viendo lo fácilmente que me canso, lo rápidamente que acabo sobrepasada, está claro que no invoco tu poder lo suficiente. Estoy cansada, Padre. Las responsabilidades se acumulan y amenazan con abrumarme. En vez de rendirme y derrumbarme, invoco tu poder sobrenatural. ¡Inúndame, Señor! Haz que brote una fuente de energía en esta vasija vacía. Con tu ayuda, el agotamiento no triunfará. Permíteme terminar bien las cosas, de modo que pueda gritar de tu provisión a todos los que puedan oírme.

¿Cómo has experimentado el poder sobrenatural de Dios?

Una mala temporada

Porque si creemos que Jesús murió y resucitó, así también
traerá Dios con Jesús a los que durmieron en él.
1 TESALONICENSES 4:14 RV60

Señor que estás en los cielos, hoy es uno de
esos días en los que querría estar ahí arriba. Echo
de menos a las personas que se han ido antes
que yo. Aunque sé que nos reuniremos un día con
todos los que te han conocido y amado, a veces no
puedo evitar desear no tener que esperar. Un aroma
familiar, una risa o un gesto de un desconocido,
y todo vuelve a mi memoria: el deseo, el anhelo
por cómo eran las cosas antes. Hazme sentir tu
presencia hoy, Señor. Hazme notar tu consuelo. Haz
que los recuerdos me hagan sonreír y que la promesa
de los días por venir me lleve a regocijarme. Confío
en que tú eliges el momento oportuno, y descanso en
tu promesa de que el dolor pasará.

¿Cuándo has sentido más el consuelo de Dios?

amar bien

Un mandamiento nuevo os doy: que os améis
los unos a los otros; que como yo os he amado,
así también os améis los unos a los otros.
JUAN 13:34 LBLA

No hay nada más maravilloso que tu amor, Padre. Es tan vastamente profundo que me pierdo en él: ¿qué puede ser mejor que esto? Desde este lugar, sumergida en tu amor, es fácil amar a otros. Pero después me topo con la realidad. Una simple interrupción en un mal momento o un error involuntario me sacan de tu océano y me descubro revolcándome en un charco de engreimiento, creyendo tener superioridad moral. ¡Ayúdame a amar como tú amas, Jesús! Profundamente, sin dudas o sin pensar en mí misma. Sé que esto es lo que me pides, que es la forma en la que te demuestro que te amo, pero aun así me cuesta. Sácame de este charco tan a menudo como sea necesario; suéltame de nuevo en el mar de tu amor una y otra vez, para que pueda amar como amas tú.

¿Has experimentado el amor de Dios por los demás últimamente?

Soltar mi carga

Echa sobre Jehová tu carga,
y él te sustentará;
no dejará para siempre caído al justo.

SALMO 55:22 RV60

Dios, ¡cuán fuertes deben de ser tus brazos! Cuán robusta tu espalda, para llevar la carga de todos los que somos lo suficientemente sabios como para rendirla a ti. A veces me aferro a mi tristeza como si quisiera que esta siguiera en mí. ¿Por qué hago eso? Es pesada; me duelen los brazos de sujetarla. ¿Puedo dártela? No te lo pregunto porque dude de tu disposición, sino porque no sé seguro si soy lo suficientemente fuerte. ¿Abrirás mis doloridos brazos y me la sacarás del pecho cuando yo no sea capaz de hacerlo? ¿Te quedarás conmigo, sujetándome mientras aprendo a recuperar el equilibrio sin ella?

¿Cómo dejarás que Dios lleve tu carga?

Misericordia sobre misericordia

Dios bendice a los compasivos,
porque serán tratados con compasión.
MATEO 5:7 NTV

Misericordioso Dios, tu compasión me asombra. Tú me muestras cómo vivir a través de tu forma de amar, y tú amas con tal misericordia que me conmueves hasta las lágrimas. ¿Cómo puede un corazón tan fuerte ser tan tierno? Cada mañana haces borrón y cuenta nueva, simplemente porque nos amas. ¿Cómo podré devolverte esto? No puedo, aunque me gustaría seguir intentándolo. Cada acto de misericordia que hago vuelve a mí multiplicado. Es tan típico de ti: amontonas misericordia sobre misericordia, gracia sobre gracia, regalo sobre regalo. ¿Cómo puedo darte las gracias si no es siendo yo misma más misericordiosa?

¿Has notado la misericordia de Dios hoy para ti o para otros?

Lista para escuchar

Mis queridos hermanos, tengan presente esto:
todos deben estar listos para escuchar,
y ser lentos para hablar y para enojarse.
SANTIAGO 1:19 NVI

Dios, tú eres quien de verdad escucha. Oyes cada llanto; respondes a cada petición. La atención que me dedicas me inspira a prestar más atención a los que me rodean, pero invariablemente me descubro esperando a que el otro acabe para hablar yo, sonriendo y asintiendo a pesar de no haber escuchado a duras penas una sola palabra. ¡Hazme estar lista para oír, Señor! Cuando alguien se sienta lo suficientemente seguro como para abrirse a mí, llévame a ponerme cómoda y escuchar con toda mi atención. Hazme ver estas interacciones como invitaciones a sus corazones, no como oportunidades para repartir mis ideas. Llévame a hacer preguntas, a hacer que me expliquen más y, cuando realmente hable, haz que mis palabras sean escogidas por ti.

¿Escuchas a los demás con atención?

Regalos para siempre

Pues los dones de Dios y su llamado son irrevocables.
ROMANOS 11:29 NTV

Dios, dador de buenos dones, en cuanto me llamaste y respondí, estos dones empezaron a fluir. Te sentí, te oí, y tu poder brotó en mí de formas nuevas y maravillosas. También me pusiste ante desafíos. Sé que todo lo que me has dado ha sido para bien: el mío o el de tu iglesia, pero confieso que a veces pongo en duda tus decisiones. Vuelvo a mis antiguos hábitos y recupero mis antiguas formas de actuar; cuesta oír tu voz o sentir tu presencia. Tu poder parece distante... ¿acaso es solo producto de mi imaginación? Estos son los momentos en los que me aferro al conocimiento de que no puedo perderte; con solo eso, vuelvo al lugar en el que debería estar.

¿Cómo ves los dones de Dios fluyendo a través de ti?

Mientras espero

Esforzaos todos vosotros los que esperáis en Jehová,
y tome aliento vuestro corazón.
SALMO 31:24 RV60

Dios, ¡esperar es duro! Busco las colas más cortas en el supermercado y el carril más rápido en el tráfico, y después acudo a ti y te pido que resuelvas todos mis problemas lo antes posible. Cuando no respondes al momento, me empiezan a invadir las dudas. ¿Me escuchas? ¿Estás ahí? Necesito tus ánimos, Señor, mientras espero tu resolución perfecta. Ayúdame a recordar que tú ves la panorámica completa y que tu plan es para el mejor resultado posible, que no es necesariamente el más rápido. Fortalece mi corazón con paciencia, valentía y fuerza mientras espero. Confío en tu plan y me regocijo en saber que todo saldrá bien.

¿Te cuesta esperar en el Señor?

Toda buena dádiva

Toda buena dádiva y todo don perfecto viene de lo alto,
desciende del Padre de las luces, con el cual
no hay cambio ni sombra de variación.
SANTIAGO 1:17 LBLA

Señor, qué bien debes de pasártelo pensando en las bendiciones que quieres derramar sobre tus hijos. Un padre que planea una gran sorpresa para sus hijos muestra tan solo una fracción de la pasión con la que tú imaginas las formas en las que nos sorprenderás y deleitarás. Hoy recuerdo que todas las cosas buenas vienen de ti. A diferencia de los padres terrenales más amorosos y entregados, tu afecto por mí no depende de mi comportamiento hacia ti. Incluso cuando ignoro egoístamente tus muestras de amor (una vibrante azalea en flor, un cheque inesperado, un rayo de sol que se filtra entre las nubes), tú sigues dedicándome tus pensamientos. Padre, ¡cuán inmerecidamente generoso eres conmigo, y cuán bendecida soy!

¿Qué regalos esperas hoy de tu Padre?

Hablar de tu amor

Que si confesares con tu boca que Jesús es el Señor, y
creyeres en tu corazón que Dios le levantó de los muertos,
serás salvo. Porque con el corazón se cree para justicia,
pero con la boca se confiesa para salvación.
ROMANOS 10: 9–10 rv60

Dios, confieso que no siempre quiero confesar.
A veces, mencionar mi pecado es más de lo que
puedo soportar. Qué bendición es saber que con
solo confesar que Jesús murió por mí, con solo
creer en mi corazón que tú lo resucitaste, todo se
arregla entre tú y yo. ¡Me lo pones tan fácil, Padre!
Confesar y creer en el incomprensible amor que
mostraste por mí enviando a tu Hijo para sufrir por
todos mis pecados, confesados y sin confesar,
pasados y futuros, es lo único que me pides. Gracias
por tu amor. Yo también te amo.

¿Tienes el corazón abierto para confesar hoy a Jesús?

Ternura que desafía a todo

Recuérdales a todos que deben mostrarse obedientes y sumisos ante los gobernantes y las autoridades. Siempre deben estar dispuestos a hacer lo bueno: a no hablar mal de nadie, sino a buscar la paz y ser respetuosos, demostrando plena humildad en su trato con todo el mundo.
TITO 3:1-2 NVI

Tierno Padre, tu paciencia y cariño son mucho más de lo que merezco. Sé que tú quieres que me comporte con la ternura que tú me muestras a mí. Yo también quiero eso y, cuando todo va bien, mis respuestas a menudo son tiernas y comprensivas. Aun así, cuando empiezo a estar bajo presión, puedo ser irritable, impaciente y áspera. Muéstrame esta tendencia tan pronto como aparezca, Señor, para poder invocar tu tierno Espíritu para que responda en mi lugar. Lléname de una ternura a prueba de las circunstancias para poder reflejar tu actitud amorosa venga lo que venga.

¿Cómo has experimentado la ternura de Dios hoy?

Febrero

¡Refúgiense en el Señor y en su fuerza,
busquen siempre su presencia!

1 CRÓNICAS 16:11 NVI

La primera piedra

Pero como insistían en preguntarle, Jesús se enderezó
y les dijo: «El que de vosotros esté sin pecado,
sea el primero en tirarle una piedra».

JUAN 8:7 LBLA

Señor, solo tú has estado libre de pecado y únicamente tú jamás has echado en cara los pecados de alguien en su contra. Pero yo, por lo contrario, tengo una lista de cosas que deberían mejorar mis personas queridas, y tengo opiniones de sobras incluso sobre desconocidos con los que me cruzo o personas en los medios de comunicación. Señor, ¿por qué es tan fácil ver los pecados de los demás y por qué estoy tan dispuesta a señalarlos? ¿Acaso jamás he ignorado a mi hijo, gastado dinero que no tenía o envidiado el flamante coche nuevo del vecino? E, incluso así, tú no me lo echas en cara. Tú esperas con amor mientras suelto mi piedra, tomo mi cruz y sigo adelante. Eres un Dios tremendamente lleno de gracia.

¿Qué piedras debes soltar?

Todo lo que necesito

Mi Dios, pues, suplirá todo lo que os falta conforme
a sus riquezas en gloria en Cristo Jesús.
FILIPENSES 4:19 RV60

Dios, ¿cómo puede ser que siempre sepas qué
necesito? ¿No te cansas nunca de proveer para mí?
Incluso aunque una necesidad material no sea suplida,
me amas con tanta ternura y de forma tan concreta,
que sé que puedo contar contigo para tener la paz
y el gozo que necesito para sostenerme. De hecho,
algunas de las personas más gozosas que jamás he
visto son aquellas que tienen poco más que tu amor
para sostenerlas. ¡Qué confianza inspira esto en mi
corazón! ¡Qué gratitud! Y, además, qué humildad;
sé que no lo merezco, pero eso jamás te detiene. Tu
provisión es tan inacabable como tu amor. Dame un
corazón tan agradecido como corresponde a alguien
que es consciente de todas estas cosas.

¿Confías en que Dios suplirá todas tus necesidades?

Placeres sencillos

Jehová guarda a los sencillos;
estaba yo postrado, y me salvó.
SALMO 116:6 RV60

Padre, aunque seas tan extraordinario y vasto y santo, sigues poniéndomelo fácil para complacerte. De hecho, cuanto más sencilla sea mi vida, más fácil será honrarte con ella. Cuanto más tenga (más cosas, más responsabilidades, más distracciones), más fácil me será perder de vista el simple placer que hay en ser tu hija. No me permitas perderme la dulzura de los gorjeos de un bebé o la belleza de una nevada recién caída solo porque estoy demasiado ocupada. No dejes que no aprecie el aroma del pan recién horneado solo porque tengo prisa. Pídeme que me tranquilice, me fije en las cosas y disfrute de estos placeres simples contigo. Aquí es donde proteges mi corazón y donde más te complazco.

¿Cómo disfrutas de las cosas sencillas de la vida?

Fuente de energía

Él da esfuerzo al cansado, y multiplica
las fuerzas al que no tiene ningunas.
ISAÍAS 40:29 RV60

Dios, tú que tienes fuerza que mueve montañas,
hoy me iría bien que me echaras una mano. Sé que
tú sabes cuán pesada es esta carga y que jamás
me pedirías que la acarreara sin motivo, pero de
verdad que ya no me veo capaz de hacerlo sin ti.
¿Será por este motivo por el que me la has dado?
¿Para recordar que no tengo que hacerlo sola?
¿Que no tengo que hacer nada sola? Tú eres
mi fuente de energía, Señor. Qué tonta debo de
parecerte, intentando arrastrarme por mis propias
fuerzas cuando tú tienes todo lo que necesito y más,
esperando poder dármelo. Estoy lista para recibirlo,
Padre, y más agradecida de lo que puedo expresar.

¿Cómo sientes que Dios te está fortaleciendo hoy?

No es un milagro pequeño

Tú eres el Dios que realiza maravillas;
el que despliega su poder entre los pueblos.
SALMO 77:14 NVI

Dios de los milagros, tu obra está a la vista de todo aquel que quiera ver. Cada día hay ciegos que ven, cojos que andan y corazones de piedra que se inclinan a ti. El simple hecho de que yo esté aquí no es un milagro pequeño. ¿Cuántas veces me has rescatado del peligro o incluso de la muerte sin yo saberlo? No hay nada demasiado difícil para ti. No hay nada que pida un corazón en sintonía con el tuyo que sea demasiado. ¿Cómo puede ser esto? Me maravillas. Y, lo que es más maravilloso, ¡a ti te encanta! Tú quieres que te pida cosas difíciles, cosas imposibles, así que eso haré: hazlo, Señor. Maravíllame de nuevo.

¿Tienes el corazón abierto para esperar un milagro?

Inspirada para complacer

¡Tengan cuidado! No hagan sus buenas acciones en público para
que los demás los admiren, porque perderán
la recompensa de su Padre, que está en el cielo.

MATEO 6:1 NTV

Dios, cualquier cosa que consiga se debe a tu favor; tu reconocimiento es el único que necesito. Aun así, confieso que también busco la aprobación de otros. Me gusta que los demás reconozcan lo que hago bien, especialmente si es algo que me gusta hacer. Es maravilloso hacer cosas buenas, pero compartirlo con otros es incluso mejor. Solo tú conoces mi corazón, Padre. Incluso más que yo, tú sabes si estoy compartiendo mis fotos ayudando en el albergue para los sintecho en las redes sociales para inspirar a los otros a hacer lo mismo... o para recibir su admiración. Una de estas ambiciones te complace y la otra, no. ¡Examina mi corazón, Señor, e inspírame para complacerte!

¿A quién intentas complacer hoy?

Confianza

Por lo tanto, no desechen la firme confianza que tienen en el Señor. ¡Tengan presente la gran recompensa que les traerá!

HEBREOS 10:35 NTV

Señor Jesús, hay muchísimas cosas en ti que son admirables; mucho por aprender de tu ejemplo perfecto. Hoy estoy meditando en tu confianza. En ese primer milagro en el que convertiste agua en el mejor vino, ¿dudaste, aunque fuera por un segundo, de que lo ibas a conseguir? Tan solo por una vez, cuando estabas sanando a alguien, ¿te preguntaste si acaso esta vez no iba a funcionar? Pues claro que no; tenías confianza en el Padre, la misma que yo también puedo tener. Ayúdame a recordar, Señor, que puedo acercarme al trono con autoridad. Me concediste ese derecho cuando confesé mi fe en ti. No me dejes desperdiciarlo por algo tan inútil como las dudas.

¿Cómo pones tu confianza en tu Padre que está en los cielos?

Tú permaneces fiel

Si fuéremos infieles, él permanece fiel;
él no puede negarse a sí mismo.
2 TIMOTEO 2:13 RV60

Dios es fiel. Solo quiero detenerme un momento y pensar en lo que eso significa: «Dios es fiel». Tú eres la persona perfecta, la que merece toda mi devoción, y aun así tú eres quien sigue comprometido conmigo, independientemente de cuántas veces te decepcione. Tu magnificencia no tiene fin, Dios, y cada día me beneficio de ella. Permite que el conocimiento de tu fidelidad inquebrantable cree en mí un nuevo nivel de devoción hacia ti. Permite que mi creciente fidelidad acabe trasladándose también a mis relaciones de modo que yo, igual que tú, sea conocida por mi constancia. Tú solo puedes ser como eres, perfecto, y yo solo puedo ser lo que soy, agradecida y humilde.

¿Cómo ves la fidelidad de Dios en tu vida hoy?

Todo cambia

Sé diligente en estos asuntos; entrégate de lleno a ellos,
de modo que todos puedan ver que estás progresando.
1 TIMOTEO 4:15 NVI

Dios que no cambias, cuán intrigante es que hayas creado un mundo donde nada es siempre igual. Solo tú eres perfecto, así que todo lo demás debe cambiar. El color del cielo cambia cada minuto e incluso la roca más dura acaba desgastándose con el tiempo. Y quizá lo más fascinante es que, cuando me levanto, jamás soy la misma persona que era el día anterior. Sin embargo, como haces con el granito, desgasta mi corazón, endurecido por el tiempo y las experiencias, hasta que sea tan tierno y cariñoso como el tuyo. Haz que todo mi crecimiento y cambio sean para ser más como tú, Padre, y permitir que otros lo vean y se sientan atraídos por lo que ven de ti en mí.

¿Cómo cambias para ser más como Jesús?

Luz, amor y verdad

Pero Pedro y los apóstoles respondieron:
«Nosotros tenemos que obedecer a Dios antes que
a cualquier autoridad humana».
HECHOS 5:29 NTV

Dios soberano, este es tu mundo. Soy tu hija. Pero la mayoría de los días, un desconocido sería incapaz de deducirlo tras observarme: a menudo tomo mis propias decisiones y me invento mis propias reglas. Pero, aun así, sigo creyendo que soy tu hija. Incluso estoy contenta de serlo, aunque casi nunca sea demasiado evidente. Por favor, ¡perdona mi desobediencia! Obedecerte significa caminar en la luz, vivir en el amor y decir la verdad. ¿Por qué querría resistirme a esto? Espíritu Santo, ¡necesito tu ayuda! Recuérdame lo cálida que es la luz, lo dulce que es el amor, lo valiosísima que es la verdad. Debo obedecerte. No porque tú lo exijas, sino porque da sentido a la vida.

¿El sentido de tu vida está basado en la verdad de Dios?

El espejo

De modo que si alguno está en Cristo, nueva criatura es;
las cosas viejas pasaron; he aquí todas son hechas nuevas.
2 CORINTIOS 5:17 RV60

Dios, tú haces nuevas todas las cosas. En el momento en el que elegí amarte, empezaste tu obra transformadora en mí. Me lavaste y limpiaste. Se evaporaron años de pecado, culpabilidad, remordimientos y suciedad. ¡Desaparecieron! Esta nueva yo es más de lo que puedo comprender. Por increíble que sea, creo que soy perdonada. Pero... ¿nueva? ¿Cambiada? No lo sé. Ayúdame a comprender que mi antiguo yo, el yo que necesitaba defensas, remordimientos, rencores y disputas, ha desaparecido. Llévame a tu espejo, Padre, y quédate conmigo hasta que comprenda completamente que esta persona que rebosa amor, gozo, gracia y paz... ¡soy yo! Soy una nueva persona.

¿Cómo te ves en el espejo de Dios?

Cuando las cosas no van bien

Sé lo que es vivir en la pobreza, y lo que es vivir en la abundancia.
He aprendido a vivir en todas y cada una de las circunstancias,
tanto a quedar saciado como a pasar hambre,
a tener de sobra como a sufrir escasez.

FILIPENSES 4:12 NVI

Dios, ¡eres bueno! Eres bueno cuando las cosas van bien y eres bueno cuando no van bien. Fijar mi mirada en ti me asegura que tendré alegría. Esto es fácil de ver en los días buenos: las cosas van bien, así que me siento bendecida. En los días malos tengo que fijarme con más atención; quizá con más profundidad de lo que soy capaz por mí misma. En medio de las noticias desconcertantes o de los resultados decepcionantes, ¡recuérdame que le pida fuerzas a tu Santo Espíritu! Hazme ver que, incluso en mi peor día, tú estás ahí para bendecirme con una ola de alegría o un destello de gozo. Cuando las cosas no van bien, hazme saber de tu bondad y seré bendecida.

¿Cómo puedes confiar en Dios para que te dé satisfacción en cada situación?

Dejarte entrar

Examíname, oh Dios, y conoce mi corazón;
pruébame y conoce los pensamientos que me inquietan.
SALMO 139:23 NTV

Dios que ve incluso lo que imagino, que oye lo que pienso pero no digo: cuán profundamente debes amarme para perdonarme incluso mis pensamientos más horribles. En algunos momentos quiero ocultar lo peor de lo que pasa por mi cabeza (mi envidia, mi ira, mi miedo), pero después quedo abrumada por la profundidad de tu amor y todo lo que quiero es dejarte entrar todavía más en mí. ¿Qué otras cosas te intento ocultar, Padre? ¿Hay algo escondido en mi corazón que me aparte de ti? Quiero mostrártelo todo para que puedas perdonarlo, cambiarlo y llenar su lugar con amor.

¿Hasta dónde estás dispuesta a dejar que Dios examine tu corazón?

Tú eres amor

El que no ama, no ha conocido a Dios;
porque Dios es amor.

1 JUAN 4:8 RV60

Dios, tú eres amor. Eres desprendido, misericordioso, generoso, paciente, cálido y mucho más. Yo lo quiero ver todo; todo y más. Estoy agradecida por el amor terrenal, por los destellos que me ofrece de quién eres. Cada abrazo es un ejemplo de tu ternura; cada sacrificio, un símbolo de tu devoción. Cuando experimento el amor, te experimento a ti: ¿cómo podré llegar a agradecértelo? Gracias por darte a mí en millones de maneras diferentes en miles de días. Nada puede compararse a ti.

¿Cómo has visto el amor de Dios por ti hoy?

Un mismo corazón

Yo les daré un solo corazón y pondré un espíritu nuevo
dentro de ellos. Y quitaré de su carne el corazón de piedra
y les daré un corazón de carne.

EZEQUIEL 11:19 LBLA

Dios, me encanta imaginarme un mundo donde cada corazón es tuyo. Me imagino que se acaban el hambre, la guerra y la opresión. Ninguna de estas cosas podría existir si todos tuviéramos corazones que laten para ti. ¿Cómo iba a tener alguien hambre si nadie fuera capaz de soportar esa idea? ¿Contra quién íbamos a luchar si todos fuéramos un mismo corazón? Quita nuestros fríos corazones y sustitúyelos por trozos del tuyo. ¿Qué podría ser más bello que verte reflejado en cada rostro que veo, y saber que cada persona a la que conozco es realmente mi hermano o hermana? ¿Es el cielo lo que estoy imaginando? Si es así, ¡ven, cielo, ven!

¿Es tu corazón uno con el de Dios?

En cada oportunidad que se presente

No nos cansemos, pues, de hacer bien; porque a su tiempo
segaremos, si no desmayamos.
GÁLATAS 6:9 RV60

Señor, ¿cómo puede ser que no necesites descanso? Solo con pensar en tu constante atención a mis necesidades ya me canso, y soy solo una de tus queridos hijos e hijas. Me pregunto cómo será tener los medios, la energía y el entusiasmo necesarios para aprovechar cada oportunidad para hacer el bien. Ayúdame, Espíritu Santo. Muéstrame dónde puedo ser útil y lléname con una energía que no se desvanezca, incluso ante músculos doloridos, deseos encontrados o destinatarios desagradecidos. Sé que estás ahí, en medio del bien, y no quiero perder esta oportunidad de conocerte.

¿Cómo evitas cansarte de hacer el bien?

Mi control es solo una ilusión

Por tanto, someteos a Dios. Resistid, pues,
al diablo y huirá de vosotros.
SANTIAGO 4:7 LBLA

Dios perfecto, ¿por qué es tan difícil rendirme a ti? Tengo miedo de no tener el control pero la verdad es que, en realidad, tampoco lo tengo de todos modos. Me siento controlada por la idea de que necesito tomar mis propias decisiones, librar mis propias batallas. Sé que es el enemigo quien intenta convencerme de no entregarme a ti, y sé que es porque no es capaz de resistir ante ti. Si soy toda tuya, no le quedará otra opción que desaparecer. Ayúdame, Espíritu Santo. Cuando me aferre al espejismo de que yo tengo el control, aflójame los puños cerrados. Hazme tender las manos abiertas y levantarlas hacia los cielos. Te entrego mi vida; todas mis decisiones y batallas son tuyas: soy libre.

¿Cómo te has entregado completamente a Dios para ser libre?

Una ira creciente

Si se enojan, no pequen. No permitan que el enojo
les dure hasta la puesta del sol.
EFESIOS 4:26 NVI

Dios, tu Palabra me dice que tardas en enfadarte.
Pero no siempre puedo decir lo mismo de mí. Algunos
días basta con que alguien haga un comentario
despreocupado o se salte un semáforo para
provocarme. Toda la trayectoria de mi día depende
de si mi siguiente movimiento es hacia el pecado... o
hacia ti. Confieso que hay varios días en los que voy
en la dirección equivocada, con una palabra dura o
una decisión precipitada; para empeorar todavía más
las cosas, a veces me aferro a mi ira durante el resto
del día, como si fuera mi salvavidas. Esto me separa
más de ti, que es lo último que yo querría. Cuando
noto que mi ira empieza a crecer, Señor, deja que tu
amor y perdón crezcan todavía más rápido en mí.

**¿Qué te ha hecho enfadar hoy? ¿Puedes
dejarlo atrás?**

Pasos mesurados y tranquilos

También pedimos que se fortalezcan con todo el glorioso
poder de Dios para que tengan toda la constancia
y la paciencia que necesitan.
COLOSENSES 1:11 NTV

Padre, tu paciencia me maravilla una y otra vez,
y sé que las cualidades que tú muestras a menudo
son las que más te gustaría ver en mí. Cuando estoy
en medio de las pruebas (¿y cuándo no lo estoy?),
te gusta ver que respondo con paciencia. Esto
demuestra que confío en ti, que creo en ti, que te amo.
Perdóname por cuán a menudo me rebelo contra mis
circunstancias. Como un corredor que, en mitad de la
carrera, se detiene o incluso retrocede, qué tonta debo
de parecerte. Los pasos tranquilos, mesurados y hacia
adelante son los que me llevan a ti. Dame resistencia,
Señor, mientras sigo hacia adelante.

**¿Cómo puedes confiar en el poder de Dios para tener
resistencia y paciencia?**

acompañada por tu bondad

Ciertamente el bien y la misericordia me seguirán
todos los días de mi vida,
y en la casa de Jehová moraré por largos días.
SALMO 23:6 RV60

Señor te doy las gracias por tu bondad y por la seguridad que me da tu Palabra de que, contigo como pastor, la bondad y el bien me seguirán allá donde vaya. ¡Qué bella imagen, estar acompañada por la bondad! No puedo evitar plantearme cuán a menudo debe parecer que estoy intentando dejarla atrás cuando me pongo a perseguir corriendo las cosas que tengo delante, tantas de las cuales no provienen de ti. Mi oración hoy es para pedirte que me hagas aflojar el ritmo lo suficiente como para atraparme: darme la vuelta, con los brazos abiertos, y sumergirme de todo corazón en tu bondad. Haz que mi ritmo sea uno en el que pueda sentirte, siempre, a mis espaldas.

¿Cómo puedes percibir la presencia de Dios siguiéndote?

Separada de la culpabilidad

Justificados, pues, por la fe, tenemos paz para con Dios
por medio de nuestro Señor Jesucristo.
ROMANOS 5:1 RV60

Dios de paz, ¿cómo puedo aceptar lo que no merezco? A pesar de tener la culpa de muchas cosas, me liberas de ella. Envías mi vergüenza al fondo del océano. Mi culpabilidad está tan lejos como separados están el este del oeste. La injusticia de esto va en contra de mi razonamiento humano, así que me resisto a este regalo, incluso aunque ya me dirija a aceptarlo. «Si no me siento culpable, ¿no querrá decir eso que no lo siento?», me pregunto. «No», respondes. «Quiere decir que he reemplazado tu pena con mi paz». Gracias, Padre. Tus regalos son tan, tan buenos.

¿Necesitas la paz de Dios hoy?

Bien lejos

En Dios, cuya palabra alabo,
en Dios he confiado, no temeré.
¿Qué puede hacerme el hombre?
SALMO 56:4 LBLA

Padre, eres fiel. Cuando me detengo a pensar en las veces que has apartado un obstáculo de mi camino o que has abierto sendas donde no había, sé que tú puedes hacerlo todo. Alguien a quien amo necesita tu ayuda, Señor. No podemos ver cómo saldremos de esta, pero sé que tú sí. Nuestro enemigo quiere que nos centremos en el obstáculo y que nos olvidemos de ti, de nuestro gran intercesor. Quiere que nos fiemos de nuestros propios esfuerzos o que nos rindamos por completo. Ayúdanos a creerte, Padre, mientras ponemos este asunto ante ti. Aparta nuestros ojos del problema y levántalos a ti. Después, toma el problema y llévatelo bien lejos.

¿Qué problema tienes que necesitas que sea llevado muy lejos?

Autocontrol

«Guarda tu espada», le dijo Jesús, «porque los que a hierro
matan, a hierro mueren. ¿Crees que no puedo acudir
a mi Padre, y al instante pondría a mi disposición
más de doce batallones de ángeles?».

MATEO 26:52-53 NVI

Jesús, fuiste completamente humano mientras
estuviste aquí, así que me imagino lo tentador que era
para ti la idea de silenciar a tus detractores y curar
toda enfermedad. Cuando pienso en tu autocontrol,
veo que tengo que pedirle a tu Espíritu poder
controlarme yo también. Me cuesta evitar ponerme a
discutir, Señor, pero sé que la paz es el camino que
querrías que siguiera. Las comodidades y el relax me
llaman, aunque yo sé que todavía quieres que haga
más cosas. Espíritu Santo, ¡necesito tu autocontrol!
Lléname de dominio de mí misma y de un anhelo por
la paz que conlleva.

¿Dónde necesitas hoy el autocontrol que Dios concede?

Muéveme

Y al ver las multitudes, tuvo compasión de ellas;
porque estaban desamparadas y dispersas como ovejas
que no tienen pastor.
MATEO 9:36 RV60

Dios misericordioso, tú ves nuestra desesperación y no puedes quedarte de brazos cruzados. Anhelas poder interceder por nosotros. En cuanto te pedimos algo, tú respondes. La compasión te impulsa, te mueve. ¿Cuán a menudo yo digo que algo me ha conmovido y, aun así, me quedo exactamente igual? ¿Cuándo aprenderé que sentir lástima por el sufrimiento no es lo mismo que pasar a la acción para acabar con él? ¡Muéveme, Señor! Muéstrame algo que te rompa el corazón y haz que también rompa el mío. Haz que el dolor que siento por los demás me arranque de mi zona de confort y ponme directamente en medio de su sufrimiento, lista, dispuesta e incluso desesperada por actuar.

¿A dónde quieres que Dios mueva tu corazón?

Sintonízame

Quiero que entiendan lo que realmente importa,
a fin de que lleven una vida pura e intachable
hasta el día que Cristo vuelva.
FILIPENSES 1:9-10 NTV

¡Dios, eres tan sabio! Siempre sabes lo que es correcto, y yo necesito un poquito de esa sabiduría para mí misma. Cuando me fío de mi propio juicio, como hago a menudo, es fácil acabar confundiéndome. Recuérdame qué importa realmente, Señor, mientras intento discernir entre tu voz y todas las demás. Sintonízame con tu voluntad, Señor, como si fuera una frecuencia de radio. Haz que la voz del enemigo no sea más que estática, o una canción tan desafinada que no pueda soportar escucharla. Tu voluntad es el sonido más dulce que conozco; conocerla es lo único que te pido.

¿Estás sintonizada con la frecuencia de Dios?

Sentarse y esperar

Aguarda a Jehová;
esfuérzate, y aliéntese tu corazón;
sí, espera a Jehová.
SALMO 27:14 RV60

Dios, tú eres quien elige el momento perfecto. No se me da demasiado bien recordar esto. Pienso que debería tener ya mis respuestas; que las soluciones que busco solo deberían tardar pocos días. Aun así, tú ves la panorámica en su conjunto, y a veces no me queda otra que esperar en ti. Para aquellos momentos, Padre, invoco tu fuerza. Dame la valentía de sentarme aquí y esperar. Oigo los truenos. Mi instinto me dice que salga corriendo, aunque sé que tú puedes cambiar el rumbo de la tormenta. Envía a tu Espíritu a tranquilizar a mi corazón mientras espero.

¿Te cuesta esperar en el Señor?

Abrirle las puertas a la amabilidad

Amad, pues, a vuestros enemigos, y haced bien,
y prestad, no esperando de ello nada;
y será vuestro galardón grande, y seréis hijos del Altísimo;
porque él es benigno para con los ingratos y malos.
LUCAS 6:35 RV60

Padre, tu increíble benignidad demuestra la importancia que tiene para ti. Te complace mostrar amabilidad hacia mí y que yo sea amable con otros. A mí me encanta complacerte, ¿y qué me cuesta sonreír, decir hola o sujetar una puerta para que otros pasen? ¿Acaso tú cruzarías una habitación sin dignarte a saludarme? Entonces, ¿por qué agacho la cabeza para no decir un «hola» a los demás? Ayúdame a abrirle las puertas de tu amabilidad al mundo, Señor. Eleva mi mirada y abre mi boca, y haz que tu belleza se derrame. Recuérdame que, si yo soy más benigna, el mundo será un lugar más benigno.

¿Con quién quieres ser amable hoy?

Inspirada por tu maravilla

De generación en generación se extiende
su misericordia a los que le temen.
LUCAS 1:50 NVI

Dios, nada merece más respeto que tú. Sabemos que debemos respetar el poder del océano o de la tormenta, pero somos incapaces de honrar a aquel que los ha creado, al que dicta hasta dónde llegarán. Nos aprovechamos de tu amor hacia nosotros y eso es una falta de respeto. Pero la misericordia que nos muestras, incluso entonces, merece todavía más respeto. Gracias, Dios, por la maravilla que inspiras. Gracias por tu amor y tu perdón inacabables. Mereces todo mi respeto, todo mi amor y toda mi alabanza. Te los ofrezco ahora y siempre, en el nombre de Jesús.

¿Estás maravillada por el Señor?

Sustituir la preocupación

No se preocupen por nada; en cambio, oren por todo.
Díganle a Dios lo que necesitan y denle gracias por todo
lo que él ha hecho. Así experimentarán la paz de Dios,
que supera todo lo que podemos entender. La paz de Dios
cuidará su corazón y su mente mientras vivan en Cristo Jesús.
FILIPENSES 4:6–7 NTV

Dios misericordioso, gracias a ti, no tengo que aferrarme a la preocupación. Cada vez que crece la ansiedad en mí, puedo venir a ti con mis problemas y soltar mi carga a tus pies. Tú prometes ayudarme. Incluso si no cambias mis circunstancias, tú me das tu paz para que pueda soportar la espera. No puedo imaginar cómo es esto posible. ¿Cómo puede ser que, cuando alguien a quien amo está en peligro, yo sea capaz de sonreír? ¿Cómo puede ser que, cuando tengo tan poco en el banco, yo sea capaz de reír? No debería ser así, pero tú lo demuestras cada vez que confío en ti. Lléname ahora, Señor, con tu paz. Sustituye mis preocupaciones con la certeza de tu provisión.

¿Qué te preocupa? ¿Puedes sustituirlo por la paz de Dios?

Marzo

Y estamos seguros de que él
nos oye cada vez que le pedimos
algo que le agrada.

1 Juan 5:14 ntv

El cambio es bueno

Esto significa que todo el que pertenece a Cristo se ha convertido en una persona nueva. La vida antigua ha pasado; ¡una nueva vida ha comenzado!

2 CORINTIOS 5:17 NTV

Dios, tú eres constante. Tu amor, una vez aceptado, ya no puede devolverse. Tú terminaste con mi vida anterior y renovaste mi viejo yo. He sido cambiada para siempre por tu inalterable amor. La mayoría de los días, ¡esto me da un gozo tremendo! Es mucho mejor pasar mis días contigo que en mis antiguos y vacíos afanes. Pero luego están esos días en los que, como un par de pantalones tejanos nuevos, esta nueva vida parece un poquito áspera, un poquito rígida. ¿Me ayudarás con esto, Padre? ¿Me recordarás que el cambio es bueno, incluso cuando lo dudo? ¿Te quedarás conmigo en esta nueva vida hasta que me siente como una segunda piel?

¿Has encontrado un nuevo sitio en Cristo? ¿Te sientes ya cómoda en él?

Me tiemblan las rodillas

No temas, porque yo estoy contigo;
no desmayes, porque yo soy tu Dios que te esfuerzo;
siempre te ayudaré,
siempre te sustentaré con la diestra de mi justicia.
ISAÍAS 41:10 RV60

Dios que da toda valentía, siento que vuelvo a este pozo una y otra vez. ¿Me diseñaste así, para que volviera a ti cada vez que necesitara volver a llenarme? Cuán agradecida te estoy por tu inacabable provisión; cuán vacía estaría sin ella. La vida da miedo, Padre. Tú lo sabes bien, claro está. Por eso te quedas tan cerca, listo para sujetarme cada vez que me tiemblan las rodillas. Como una niña que mira bajo la cama, animada por la valentía que le inspira su papá sujetando la linterna, yo cobro ánimos en tu presencia. Puedo enfrentarme a esto, no tengo nada que temer.

¿Necesitas volver a llenarte? ¿Sabes que Dios está ahí para ti?

Fe rebosante

Y todo lo que pidáis en oración, creyendo, lo recibiréis.
MATEO 21:22 LBLA

Dios todopoderoso, no hay nada que escape a tus capacidades, por muy audaz que sea. Y, por muy sencilla que pueda ser, no hay oración que no sea digna de tu consideración. Tú te deleitas en responder a nuestras oraciones llenas de fe. Tú esperas, ansioso y repleto de alegría, a que te pidamos cosas. Un corazón completamente entregado a ti no pedirá nada que tú no quieras que tenga. Un corazón lleno de fe a rebosar no dudará de que tú responderás. Estas cosas son las que te pido, Señor, en el nombre de Jesús: un corazón que sea tuyo, rebosante de fe, esperando a tu respuesta.

¿Crees que puedes estar rebosante de fe?

Un lugar para mí

En el hogar de mi Padre, hay lugar más que suficiente.
Si no fuera así, ¿acaso les habría dicho que voy
a prepararles un lugar?
JUAN 14:2 NTV

Padre celestial, cuán a menudo te imagino en el cielo. Cuántas veces intento imaginar mi vida contigo allí. Pienso que será como trasladarme a un nuevo hogar como si fuera una niña. Lo primero que quiero ver, antes que la cocina o el enorme patio trasero, es mi habitación. ¿Cómo es? ¿Has traído mi cojín? ¿Mis peluches? ¿Mis dibujos para colgarlos en la pared? ¿Es verdad que Jesús ya está preparando un lugar para mí? A duras penas puedo asimilarlo. Una habitación en tu casa hecha a propósito para mí, llena de cosas que muestran que me conoces, que siempre me has conocido. Gracias por tu perenne amor, Padre. Qué ganas tengo de ir a tu casa.

¿Puedes imaginarte qué tipo de casa Dios te está preparando en los cielos?

Por todos mis errores

Cuando el hombre cayere, no quedará postrado,
porque Jehová sostiene su mano.
SALMO 37:24 RV60

Señor misericordioso, ¿cómo puede ser que jamás te canses de perdonar mis errores? Por la mañana te prometo un día dedicado a tus propósitos y fijado en tu amor, pero ya al mediodía me descubro sumergida hasta el cuello en mis decisiones y distracciones egoístas. He vuelto a meter la pata. Otra vez. Y ahí estás tú, con los brazos abiertos, orgulloso de mí por reconocerlo. ¿Cómo puede ser? Que jamás deje de maravillarme esto. Perdóname, Señor, por mis errores. Estoy de pie ante el borde del abismo, y lo único que me impide tropezar y precipitarme al vacío eres tú. Arrodillada, prometo volver a intentarlo con más fuerza. Y, cuando caiga, te daré las gracias por volverme a levantar de nuevo.

¿Has caído hoy? ¿Sabes que el Señor te volverá a levantar?

Un sentido superior

Si un hombre tiene cien ovejas y una de ellas se extravía,
¿qué hará? ¿No dejará las otras noventa y nueve
en las colinas y saldrá a buscar la perdida?
MATEO 18:12 NTV

Dios del universo, ¿cómo puede ser que yo sea importante para ti? Pienso en la huella que dejaré aquí, en lo pequeña e insignificante que será según los estándares humanos, y me asombro de que me consideres tan preciosa. El sentido que me das al cuidar tan tremendamente de mí me inspira para vivir una vida de mayor significado. ¡Ayúdame a ser más digna de tu íntima dedicación, Señor! No porque tú me lo exijas, sino porque tu maravilloso amor merece todo mi esfuerzo. Tú sueltas tu pesada carga para tenderme la mano. Tú dejas a tu rebaño en la colina, sin vigilancia, para buscarme. Ay, ojalá pudiera ser digna de tal devoción.

**¿Te sientes como una oveja perdida?
¿Sabes que Dios está buscándote?**

Fuerzas de ti

Todo lo puedo en Cristo que me fortalece.
FILIPENSES 4:13 NVI

Antes de ser siquiera concebida tú pensaste en mí. Eres Señor de toda la creación y dedicaste tiempo a pensar quién iba a ser y qué propósito iba a tener en tu reino. Los sueños de un padre terrenal para su hijo que todavía no ha nacido palidecen en comparación con lo mucho que has pensado en mi vida. Como la hija de la realeza o el hijo de un genio sin igual, me planteo cómo podré llegar a estar a la altura de la versión de mí que tú has diseñado. Soy débil, defectuosa, tan humana. Pero... eso no depende de mí, ¿verdad? Mi fuerza viene de ti. Mis dones, talentos, pasiones y propósitos vienen de ti. Hoy, te ofrezco mi confianza de que, si tienes una voluntad para mí, yo puedo cumplirla.

¿Crees que Dios te puede dar fuerzas para todas las cosas?

El deseo más profundo

Me buscaréis y me encontraréis,
cuando me busquéis de todo corazón.
JEREMÍAS 29:13 LBLA

Jesús, tú que tanto amas mi alma, cuanto más sé de ti, más quiero pasar cada minuto empapándome de tu bellísima presencia. Quiero encontrarte en medio de mi caos, en pos de unos pocos minutos de paz, pero solo veo destellos. Solo cuando te busco con todo mi ser, sin distracciones, puedo experimentar el gozo completo de estar rodeada por ti. Espíritu Santo, quítame el deseo de cosas inferiores e imitaciones baratas. ¡Mi deseo más profundo es desearte más y más! Ansío desearte solo a ti y sé que esta devoción es lo que más quieres de mí. Sigue cambiando mi corazón hasta que lo único que me satisfaga sea tu presencia.

¿Cuál es tu deseo más profundo?

Hija del Rey

Tu esposa será como una vid fructífera,
floreciente en el hogar.
Tus hijos serán como vigorosos retoños de olivo
alrededor de tu mesa.

SALMO 128:3 NTV

Padre, qué privilegio es ser tu hija. Poder llamar a Jesús Salvador y hermano es un regalo demasiado precioso como para comprenderlo. ¡Gracias por hacerme ser un miembro tan preciado de tu familia! Y, si pienso en mi familia terrenal, te quiero pedir también que nos bendigas. Tú sabes las relaciones que necesitan sanidad, los corazones que necesitan protección y las vidas que necesitan restauración. Ayúdanos a amarnos unos a otros con gratitud y respeto, a honrar la posición de cada uno como hijo e hija del Rey Altísimo. Sánanos, protégenos y restáuranos, Señor, en el nombre de Jesús.

¿Quién, en tu familia, necesita el toque sanador de Dios?

Mi socorro

Alzaré mis ojos a los montes;
¿de dónde vendrá mi socorro?
Mi socorro viene de Jehová,
que hizo los cielos y la tierra.
SALMO 121:1–2 RV60

Señor, necesito tu socorro. Es cierto cada día, pero soy especialmente consciente de ello hoy. Las responsabilidades y agobios me impiden avanzar; ya no puedo llevar esta carga. Me derrumbo bajo este peso, pero levanto la mirada y ahí estás tú. El Dios siempre presente; esperas, siempre, a que yo mire hacia ti. Tus brazos fuertes y amantes son más que capaces de llevar esta carga, y tu corazón está más que dispuesto para traer consuelo al mío. Y cuando todo se vuelve demasiado, cuán maravilloso es recordar que nada es demasiado para ti. Tu socorro me da esperanza, Padre. Gracias.

¿Dónde necesitas que Dios te socorra hoy?

Me vuelves a atraer a ti

Que el Señor de paz les conceda su paz siempre y en todas
las circunstancias. El Señor sea con todos ustedes.
2 THESSALONIANS 3:16 NIV

Dios, Señor de Paz, gracias por ser la fuente del
regalo más precioso y misterioso. Tu gozo me hace
feliz bajo cualquier circunstancia. Y tu paz me trae
calma incluso en medio de una violenta tormenta de
dificultades. Confieso que no siempre me valgo de
estas bendiciones. Permito que el estrés tome las
riendas y a veces me alejo de la tranquilidad que hay
en el ojo del huracán para meterme de lleno en los
fortísimos vientos de alrededor. Incluso cuando la
ansiedad parece tenerme entre sus garras mortales,
tu paz me vuelve a atraer a ti. Me viene un versículo
a la mente o una canción me pasa por la cabeza
y, de repente, la tormenta queda atrás. Todo está
tranquilo, todo vuelve a brillar. La paz está aquí.

**¿Sabes que el Señor está contigo para darte paz
en todo momento?**

Aunque falle

Podrán desfallecer mi cuerpo y mi espíritu,
pero Dios fortalece mi corazón;
él es mi herencia eterna.
SALMO 73:26 NVI

Dios, tú eres perfecto. Cuesta de imaginar; incluso la rosa más exquisita tiene un pequeño defecto en algún lugar, pero tú no. Tú nunca fallas. Me levanto con las mejores intenciones, Padre, pero después veo un camino más cómodo y fácil y lo sigo. Quiero honrarte con cada minuto de mi vida pero, inevitablemente, me equivoco. Pero después recuerdo a Jesús y entiendo lo maravilloso que es el regalo que nos diste a través de él. Tú sabías cuán débil iba a ser, cuán débiles somos tus hijos, y lo enviaste a él, al sacrificio perfecto, para pagar por nuestras faltas. El sacrificio de Jesús me da vida y tu amor me da fuerza. Aunque sigo fallando, tu amor nunca falla.

¿Sabías que Dios es la fuerza de tu corazón y que está ahí cuando fallas?

Más de lo que puedo aprovechar

Den, y recibirán. Lo que den a otros les será devuelto por completo:
apretado, sacudido para que haya lugar para más, desbordante y
derramado sobre el regazo. La cantidad que den determinará la
cantidad que recibirán a cambio.

LUCAS 6:38 NTV

¡Eres tan generoso, Señor! Especialmente cuando
doy con generosidad, tus bendiciones vuelven a mí en
abundancia. No solo se llena mi corazón de tu gozo, sino
que siempre me das todo lo que yo regalo. Y, aunque soy
consciente de que esto es cierto, confieso que no siempre
tengo ganas de dar. Empiezo a dudar que vayas a volver
a acudir en mi ayuda, aunque siempre lo haces, o a veces
simplemente quiero quedarme con lo que es mío. ¡No dejes
que esos impulsos egoístas triunfen, Señor! Recuérdame
otra cosa que también es mía: ¡tu gozosa presencia!
Hazme tener presente que no hay nada, ni ninguna
cantidad de dinero, que sea más valioso para mí que esto.
Inspírame a preocuparme más por la comodidad de los
demás, Señor. Llévame a compartir todo lo que es mío. Al
fin y al cabo, es más de lo que puedo aprovechar.

¿De qué puedes deshacerte para que Dios te pueda dar más?

Bajar las armas

Jehová peleará por vosotros, y vosotros estaréis tranquilos.
ÉXODO 14:14 RV60

Poderoso Dios, ¿qué lucha será demasiado para ti? Nada puede derrotarte: ningún plan, ninguna arma... nada. Aunque conozco tu enorme poder, a menudo intento librar mis propias batallas. A veces consigo salir triunfante por los pelos, pero ¿cuánto más grande sería mi victoria si te pidiera ayuda a ti? ¿Y qué pasa con las muchas veces que he caído derrotada? Es innecesario que pase esto cuando tengo al Dios de las huestes angélicas a mi lado. Hoy no quiero asumir el papel de general, Dios. Tú conoces mi plan de batalla y sabes la estrategia del enemigo para derrotarme. Voy a bajar las armas, refugiarme en tu paz y permitirte tomar las riendas.

¿Puedes confiar en que hoy será el Señor quien libre tus batallas?

El fruto más dulce

En cambio, el fruto del Espíritu es amor, alegría, paz, paciencia,
amabilidad, bondad, fidelidad, humildad y dominio propio.
No hay ley que condene estas cosas.
GÁLATAS 5:22-23 NVI

¡Santo Espíritu, te quiero entero! Eres mi ayudador, mi mejor amigo y, además de darme tus dones, también produces el fruto más dulce que he probado jamás. Me llenas de amor, gozo y paz. Me haces ser paciente y altruista. Contigo soy más amable y mejor, más tierna y más fiel. Cuando veo que esas cualidades empiezan a desvanecerse o están completamente ausentes, sé que ha llegado el momento de volver a ti. La impaciencia, el egoísmo y la frustración son señales de que te he perdido de vista o te he dado la espalda. ¡No me lo permitas, por favor! Ayúdame a recordar lo precioso que es vivir y andar contigo.

¿Estás experimentando el fruto del espíritu?

Quebranta mi corazón

Estaba asombrado al ver que nadie intervenía para ayudar a los oprimidos. Así que se interpuso él mismo para salvarlos con su brazo fuerte, sostenido por su propia justicia.

ISAÍAS 59:16 NTV

Señor, tan rebosante de amor, ¡cuánto debe de romperse tu corazón con el sufrimiento de tus hijos! Sé que no necesitas mi ayuda, pero creo que te hace feliz que nos cuidemos unos a otros. Es fácil dejarme atrapar por mis propias luchas, pero sé que no son nada en comparación con lo que algunos de tus preciosos hijos soportan hoy mismo. Llévame a necesitar orar por ellos, Dios. Quebranta mi corazón. Dame el don de necesitar orar y saber exactamente qué decir. Haz que tu bondad me llene el corazón y me dé la fuerza para luchar por aquellos que no pueden.

¿Hay alguien por quien puedas orar que Dios haya puesto en tu corazón?

Tus motivos

Pues, ¿busco ahora el favor de los hombres, o el de Dios?
¿O trato de agradar a los hombres? Pues si todavía agradara
a los hombres, no sería siervo de Cristo.
GÁLATAS 1:10 RV60

Señor, tus motivos son siempre los mismos. Quieres extender tu amor y atraer a todos tus hijos a ti. Ojalá yo pudiera decir lo mismo. El deseo de recibir la aprobación y el reconocimiento de los demás, mi propia felicidad e incluso una falta de amabilidad son algunos de los motivos de las cosas que hago. ¡Cuánto me gustaría que no fuera así! Dios, haz tu obra en mi corazón y pon en él tus motivos. Odio las razones feas y egoístas que hay tras algunas de las cosas que hago, y ansío el sencillo gozo de vivir mi vida completamente para agradarte, para ganar tu aprobación. Dame un corazón que solo viva para extender tu amor, Padre.

¿Estás buscando la aprobación de los hombres o de Dios?

Vive con propósito

Todas las cosas ha hecho Jehová para sí mismo,
y aun al impío para el día malo.
PROVERBIOS 16:4 rv60

Dios, ¡me encanta que lo hagas todo con un motivo tan concreto! En un mundo que puede parecer tan errático, caótico e incluso aterrador, me consuela saber que tienes un propósito para todo el mundo y que puedes hacer que incluso de la peor situación salga algo bueno. Sé que a menudo no estoy a la altura a la hora de hacer las cosas con propósito. Reacciono ante la vida a medida que pasa en vez de plantearme qué querrías que hiciera. Pero tú le das significado incluso a mis malas decisiones. Dios, yo quiero vivir una vida con significado. Con tu ayuda, sé que puedo. Ayúdame a conocer y aceptar plenamente el propósito que has marcado para mí. Para mi día y para mi vida, hazme vivir con propósito.

¿Estás viviendo el propósito de Dios para tu vida?

Antes de hablar

El que guarda su boca y su lengua,
su alma guarda de angustias.
PROVERBIOS 21:23 RV60

Dios, pocas veces necesito más tu perdón que por las palabras que digo. Cuán a menudo me meto en problemas por mi lengua. Tus palabras siempre dan vida, pero las mías no son siempre tan generosas. Nada más decir algo áspero, me doy cuenta. Deseo poder retroceder y no decirlo, pero en cuanto ya ha salido por mi boca, lo único que puedo hacer es pedir perdón, tanto a la persona a quien se lo he dicho como a ti. Perdóname, por favor. ¿Me ayudarás con esto, Señor? Sella mis labios y ayúdame a pensar antes de hablar, especialmente cuando estoy agitada. Antes de decir una palabra, ayúdame a preguntarme si es algo necesario, cierto y amable. ¿Será para construir o para derribar? Permíteme hablar solo entonces.

¿Piensas antes de hablar? ¿Estás diciendo algo que Jesús diría?

Lo que es verdad

No hay nada que me cause más alegría
que oír que mis hijos siguen la verdad.
3 JUAN 1:4 NTV

Dios, tú eres la verdad. Todo lo que has dicho o hecho es sincero, correcto y bueno. Y yo soy casi todo lo contrario. Ni siquiera sé por qué digo mentiras. Me digo a mí misma que no importa, pero eso tampoco es verdad. Incluso conmigo misma soy deshonesta, diciéndome que haré algo después, insistiendo en que algo no me ha hecho daño, haciendo ver que no sé que estoy a punto de pecar. Señor, porque tú eres verdad, quiero valorarla tanto como te valoro a ti. Señala las mentiras que me digo a mí misma y sustitúyelas por la verdad. Detenme antes de que una palabra deshonesta salga de mi boca y, en su lugar, dame la forma más amorosa de decir la verdad. Empezando desde este mismo instante, hazme amar la verdad.

¿Dices la verdad?

La luz de tu aprobación

Porque por [la fe] [...] alcanzaron buen testimonio los antiguos.
HEBREOS 11:2 RV60

Señor, sé que ya me has aceptado y te estoy tan agradecida que las palabras no pueden expresarlo. No tengo que hacer nada más que aceptar lo que se ha hecho por mí en la cruz, pero aun así sigo deseando complacerte. Tu aceptación garantiza mi futuro, pero tu aprobación es lo que me alegra el día. Cada vez que actúo de un modo que tú no aprobarías, siento tu decepción además de la mía. Muéstrame tus caminos, Señor, para que te deleites en mí. Ayúdame a creer que la obra ya está hecha, pero anímame a trabajar de todos modos, solo para hacerte feliz. Como una hija que disfruta del brillo de la admiración de sus padres, yo quiero vivir en la luz de tu aprobación y actuar de un modo que te haga sentir orgulloso.

¿Sabes que eres aceptada por Dios?

Donde vive el contentamiento

No digo esto porque esté necesitado, pues he aprendido a estar satisfecho en cualquier situación en que me encuentre.
FILIPENSES 4:11 NVI

Dios de la satisfacción, ¡qué paz me das! A veces me olvido de esto cuando mi situación se vuelve difícil; aparto los ojos de ti, donde reside la paz perfecta, y centro toda mi atención en el problema. Esto nos lleva a todo lo opuesto al contentamiento y no es como deseo vivir. Levántame la barbilla, Padre, cuando aparto mis ojos de los tuyos. Recuérdame que tus brazos son el lugar más seguro, el mejor lugar, el único donde vive la satisfacción. Muéstrame la situación como lo que es, una distracción, y permíteme descansar en el conocimiento de que todo irá bien. Gracias a ti, sé que esto es verdad.

¿Estás aprendiendo a estar satisfecha sean cuales sean las circunstancias?

El miedo no hace falta

Oré al Señor y él me respondió;
me libró de todos mis temores.
SALMO 34:4 NTV

Dios fiel, contigo no me hace falta el miedo. Esto a mí no me impide sentirlo, está claro. Tengo miedo todo el tiempo. Siento que el temor es algo vivo. Algo que ha venido y se ha adueñado de mis pensamientos, mintiéndome e intentando convencerme de que no puedo confiar en que tú me salvarás. A veces escucho esa mentira y empiezo a dudar de ti. Pero ahí estás tú, otra vez, siempre, tranquilizándome. Solo tengo que decir tu nombre, pedirte ayuda, y el miedo retrocede como un animal asustado. Vuelvo a decirlo y el miedo empieza a parecerme una tontería. Una vez más y el miedo desaparece. Gracias, Señor, por el poder salvador de tu nombre.

¿De qué miedo puede salvarte el Señor hoy?

Hágase tu voluntad

Venga tu reino.
Hágase tu voluntad,
así en la tierra como en el cielo.
MATEO 6:10 LBLA

Dios, que se haga tu voluntad. ¿Cuántas veces habré dicho esto? ¿He considerado, realmente, para qué estoy orando? Sospecho que, en el fondo, no lo deseo. Que se haga mi voluntad suena bastante bien, si te soy sincera. Pido lo que yo quiero y después, como si me acabara de acordar, añado: «pero solo si es tu voluntad, Padre». Y, mientras tanto, mi corazón te está rogando silenciosamente que, por favor, que sí que sea esto tu voluntad. Señor, ¡quiero decirte eso y desearlo de verdad! Quiero un corazón tan en sintonía con el tuyo que ni siquiera me apetezca querer algo fuera de tu voluntad. Con confianza, con expectación, quiero poder decir «hágase tu voluntad», sabiendo con mi ser que eso me traerá gozo.

¿Puedes pedirle a Dios con confianza que se haga su voluntad?

No estoy indefensa

Claman los justos, y Jehová oye,
y los libra de todas sus angustias.
SALMO 34:17 rv60

Señor lleno de gracia, para mí no existe la indefensión. Pero puede que nos cueste un poco tener esto siempre presente; más bien nos esforzamos hasta haber agotado todas las ideas y haber probado con todos nuestros medios humanos. La desolación llama a la puerta pero, gracias a ti, no tenemos que abrir. Dios, ¿cómo puedo darte las gracias por darme una salida, siempre, por muy mal que pinten las cosas? Siempre puedo llamarte y tú siempre responderás. Ayúdame a creer esto, a actuar a partir de ello y a saber que, sea cual sea la respuesta que me des, es por mi bien.

¿De qué problemas te ha librado el Señor últimamente?

Con tu gozo

Regocijaos en el Señor siempre. Otra vez lo diré: ¡regocijaos!
FILIPENSES 4:4 LBLA

Señor, gracias por tu gozo. Qué bien más maravilloso es estar contenta de verdad, independientemente de cómo se presenten las cosas o de la situación en la que esté. No siempre lo reconozco. De hecho, algunos días decido tercamente no verlo. La situación es dura y quiero regodearme en ello. Y, como haría un buen amigo, tú me lo permites... durante un tiempo. Calladamente, tú y tu gozo se sientan a esperarme, a sabiendas de que no podré resistirme. Y lo cierto es que no puedo. En medio de mi tristeza más profunda, ahí estás tú con tu gozo. Justo en medio de un problema irritante y frustrante, el gozo del Señor aparece con una ligereza inexplicable y me lleva de vuelta a casa.

¿Cómo puedes recibir con los brazos abiertos el gozo del Señor hoy?

Una mente rendida

Porque el ocuparse de la carne es muerte,
pero el ocuparse del Espíritu es vida y paz.
ROMANOS 8:6 RV60

Mi inteligentísimo y reflexivo Señor, ¿podría yo ser capaz de tener tus pensamientos aunque solo fuera un instante? Mi propia mente está llenísima, y de muchas cosas que no me hacen bien. Incluso cuando te estoy alabando permito que lleguen las distracciones. Incluso cuando estoy disfrutando de las personas a las que amo, mi mente vaga a lugares a los que ni siquiera quiero ir. ¡Santo Espíritu, toma tú las riendas! Captura mis pensamientos, especialmente cuando se desvían, y vuélvelos continuamente al amor, la belleza y la inacabable perfección de nuestro Señor. Rindo mi mente a tu voluntad. Por favor, actúa en mí.

¿Cómo has rendido tu mente a Dios?

El arrepentimiento es importante

Arrepiéntanse de sus pecados y vuelvan a Dios,
porque el reino del cielo está cerca.

MATEO 3:2 NTV

Señor, tú perdonas tanto... Incluso aunque yo no te lo pida, tú me ofreces tu perdón por cada error: pasado, presente y futuro. Aun así, tú quieres que te lo pida. Para ti, el arrepentimiento es importante, así que quiero que sea importante también para mí. Muéstrame mis pecados para poder odiarlos tanto como los odias tú. Quiero darte gloria con mi vida, así que envía a tu Espíritu para ayudarme a ver todas las formas en que necesito que me perdones. Tú estás aquí mismo, Señor, viviendo dentro de mí. Ayúdame a hacer que mi corazón sea un hogar digno para ti.

¿Es tu corazón un hogar digno para Jesús?

No puede ser tentado

Cuando alguno es tentado, no diga que es tentado
de parte de Dios; porque Dios no puede ser tentado
por el mal, ni él tienta a nadie.
SANTIAGO 1:13 RV60

Dios que no puede ser tentado, ¡préstame a mí este poder! Sé que tú permites las tentaciones de todo tipo para enseñarme y hacerme más fuerte. Dame también la capacidad de resistir como resistes tú, de forma inmediata y completa, cualquier cosa que amenace con apartarme de tu voluntad. Gracias por estar conmigo cuando me enfrento a cosas que me distraen, cosas que solo pueden hacerme daño. Hazme ver, incluso en el momento de mi mayor debilidad, que si algo es bueno, no me provocaría tantas dudas. Ayúdame a aplicar ese conocimiento y correr en dirección contraria, directamente hacia ti.

¿Sabes que Jesús está esperando que huyas del mal y que corras hacia él?

No es mi hogar

No se amolden al mundo actual, sino sean transformados mediante la renovación de su mente. Así podrán comprobar cuál es la voluntad de Dios, buena, agradable y perfecta.

ROMANOS 12:2 NVI

Señor perfecto, has hecho este mundo tan precioso y me has dado tanto para apreciar, que a veces pierdo de vista el hecho de que este no es mi hogar. Si las cosas de este mundo fueran lo que importa, si todo esto es todo lo que hay, tú estarías también aquí. Ayúdame a seguir apreciando todo lo bueno que hay aquí, pero también a resistir la tentación de pensar que es suficiente. No permitas que acabe dándome por satisfecha o pensar que es posible llegar a estarlo. Siempre que tu camino se separe del camino del mundo, hazme elegir correctamente. Desarrolla mi gusto solo por lo que te agrada, Padre. Haz que eso sea lo único que me importe.

¿Estás viviendo como si este mundo no fuera tu hogar?

Ambición egoísta

Porque el que se enaltece será humillado,
y el que se humilla será enaltecido.
MATEO 23:12 RV60

Dios Altísimo, desde el primer momento nos preguntamos cómo sería sentarse sobre tu trono. Vemos tu gloria y queremos sentirla por nosotros mismos. Nos das una fracción minúscula de tu talento, un poquitín de tu genialidad, y ya nos ponemos a imaginar un futuro repleto de alabanzas. Sé que soy culpable: con solo recibir un poquito de reconocimiento ya me lo empiezo a creer, a pensar que me lo merezco. Empiezo a ansiarlo. Perdóname por mi ambición egoísta, Padre. Cuando alguien elogia un talento o una cualidad míos, permíteme hacerme a un lado y dejar que tu propio brillo sea lo que se lleve toda la atención. Haz que toda mi ambición esté dirigida a glorificarte.

¿Sabes que Dios quiere exaltarte?

Abril

Entonces ustedes me invocarán,
y vendrán a suplicarme,
y yo los escucharé.

JEREMÍAS 29:12 NVI

Quién puede criticar

Teniendo buena conciencia, para que en aquello en que sois calumniados, sean avergonzados los que difaman vuestra buena conducta en Cristo.
1 PEDRO 3:16 LBLA

Señor, ¿quién puede conocerte y criticarte? Eres perfecto y todos tus caminos, maravillosos. Aquellos que no te conocen pueden pensar que tienen algo por decir y pueden criticarme por mi devoción hacia ti. Pues que hablen. Cuando pienso en mi vida antes de ti o si me imagino mi vida sin ti, lo único que veo es vacío. Ya pueden decir lo que quieran las personas a las que les molesta mi esperanza, que envidian mi paz o que no comprenden tu bondad. Con tu ayuda, viviré una vida que no les dará ningún motivo de queja más de los que ya tienen. De hecho, tu luz en mí puede que acabe por hacerles cambiar su forma de pensar. ¡Que así sea, Señor!

¿Eres consciente de que la luz de Dios en ti puede cambiar la idea que otros tienen de ti y de él?

Tiendo a desviarme

Señor, yo sé que el hombre no es dueño de su destino,
que no le es dado al caminante dirigir sus propios pasos.
JEREMÍAS 10:23 NVI

Dios, ¡cuán maravilloso es seguirte! No me hace falta saber a dónde voy o preocuparme de si estoy llevando a alguien por el camino equivocado. Hay libertad en saber que tú sabes exactamente a dónde tengo que ir y que harás todo lo necesario para llevarme hasta ahí. Incluso si me desvío (y ambos sabemos que lo haré), tu resplandeciente luz me mostrará el camino de vuelta. Brilla con fuerza, Señor, con tanta fuerza que me sea imposible no verte. Tiendo a desviarme y soy lo suficientemente terca como para querer a veces seguir mi propio camino. Ayúdame a seguirte con disposición, Dios, para que cualquiera que se fije en mí en busca de orientación te encuentre a ti inevitablemente.

¿Cómo estás siguiendo el camino que ha trazado Dios para tu vida?

Tú eres perfecto

En cuanto a Dios, perfecto es su camino,
y acrisolada la palabra de Jehová;
escudo es a todos los que en él esperan.
SALMO 18:30 RV60

Señor, ¿puedo sumergirme hoy en tu perfección?
Quiero embeberme de ella, quedar abrumada por
todas las formas en las que eres perfecto hasta que
sea demasiado para mí. El llamado a ser como tú es
un listón muy alto, ¡pero es una forma maravillosa de
pasar el tiempo! No tengo ninguna petición, Señor,
solo quiero celebrar tu persona. Cuando reflexione
en tu amor, perdón, paz, provisión y protección
perfectos, entre muchas otras cosas, recuérdame
todavía más las formas en las que me maravillas.
Sígueme mostrándome cosas nuevas por las que
luchar, nuevas maneras de ser agradecida.

**¿Estás lista para sumergirte en la perfección de Dios
y quedar abrumada por sus formas de actuar?**

Fuente de esperanza

Le pido a Dios, fuente de esperanza, que los llene
completamente de alegría y paz, porque confían en él.
Entonces rebosarán de una esperanza segura mediante
el poder del Espíritu Santo.
ROMANOS 15:13 NTV

Dios, tu Palabra me dice que tu gozo y paz traen
esperanza, una fe confiada en cosas maravillosas
que todavía no puedo ver. Puede que necesite ayuda
para recordar esto de vez en cuando, cuando las
preocupaciones y los problemas me nublan la vista.
Me lleno de tantas cosas, Señor... Las cosas de
este mundo me abarrotan la cabeza y acaban por
desplazar el gozo y la paz, y la esperanza que los
acompaña. Cuando el camino parece desesperado,
recuérdame que te pida ayuda. Tú eres la fuente.
Vacíame de lo que me roba el gozo y me mata la paz,
y después lléname a rebosar de esperanza.

**¿Cómo están desplazando las cosas de este
mundo tu paz y gozo?**

Desear la humildad

Riquezas, honra y vida son la remuneración
de la humildad y del temor de Jehová.
PROVERBIOS 22:4 RV60

Señor, tus recompensas son muy generosas y, en comparación, tus exigencias son pequeñas. Tú deseas humildad y, a cambio, prometes exaltación. Quizá eso es lo que hace que sea tan difícil conseguirlo; deseamos la recompensa y, en nuestra ansia, la humildad se nos escurre entre los dedos. Lo admito de inmediato: tú eres grande y yo soy pequeña, pero eso no es suficiente, ¿verdad? Tú no quieres que me limite a decirlo: quieres que lo viva. Gracias por recordarme, a través de tu propia perfección, lo pequeñísima que soy y cuánto me queda por crecer. Gracias por tus oportunidades diarias para ganar tu rica recompensa cuando reconozco mis propias limitaciones y aprendo a descansar en tu grandeza.

¿Cómo te acercan tus propias limitaciones a descansar en la grandeza de Dios?

No puede perderse

Que se levanten todos los valles,
y se allanen todos los montes y colinas;
que el terreno escabroso se nivele
y se alisen las quebradas.

ISAÍAS 40:4 NVI

Padre, gracias por ser constante. La pérdida me deja desorientada; el dolor es como una montaña en la que no puedo encontrar un sendero. El camino parece confuso y el terreno, imposible. Tengo miedo de que, si alzo la cabeza, acabaré desplomándome en el abismo. Pero entonces recuerdo tus promesas y levanto los ojos. Ahí estás, donde siempre has estado, abriendo un nuevo camino para mí. Señor, te ruego que me protejas de la tentación de mirar abajo, de centrarme en lo imposible que parece esta nueva subida. Suaviza los lugares más ásperos. No puedo hacer esto sin tu ayuda. Paso a paso, día a día, haz que mis ojos se mantengan fijos en lo que no puedo perder. Gracias por tu amor inmutable.

¿Estás mirando a Jesús para dar cada paso y centrando tu atención en él?

Renueva mi mente

En cambio, dejen que el Espíritu les renueve
los pensamientos y las actitudes.
EFESIOS 4:23 NTV

Señor, ¿qué es más difícil de controlar que la mente? Si pudiera detener mis pensamientos ansiosos, si pudiera evitar que llegaran a formarse ideas egoístas en mí, ¡sería muchísimo más fácil seguir dentro de tu voluntad! Ojalá tuviera una mente como Cristo en vez de mi propia inconstancia. Espíritu Santo, tú que siempre estás aquí y dispuesto a ayudar, ¡necesito que renueves mi mente! Sustituye todos los pensamientos indignos antes siquiera de que los perciba, y pon en su lugar algo bello, puro y cierto. En vez del miedo, permíteme ver la oportunidad de confiar. En vez del egoísmo, muéstrame una oportunidad para sacrificarme por los demás. En vez de mi mente, dame la mente de Cristo.

¿Cómo dejas que el Espíritu renueve tus pensamientos y actitudes?

Hecha para ser yo

Pero teniendo dones que difieren, según la gracia
que nos ha sido dada, usémoslos [...].
ROMANOS 12:6 LBLA

Señor, me encanta lo únicamente distintos que nos has hecho a cada uno. Esto ilustra todavía más lo maravilloso que es que haya tantos dones, todos presentes en ti, y que has repartido entre los que creen en ti. Gracias por los dones específicos y únicos que me has regalado; algunos con tanta atención por las pasiones y talentos que ya hay en mí y otros tan sorprendentemente nuevos. Nunca me siento tan viva como cuando estoy usando los talentos o poniendo en práctica las aficiones que tú has puesto en mí para tu gloria. Ser quien tú me has hecho ser, y serlo para ti, es el mayor regalo que conozco.

¿Cómo te ha hecho única Dios?

Lo suficientemente sabia

Y si alguno de vosotros tiene falta de sabiduría,
pídala a Dios, el cual da a todos abundantemente
y sin reproche, y le será dada.
SANTIAGO 1:5 RV60

Sabio y maravilloso Dios, ¿por qué busco respuestas en cualquier otro sitio? ¿Quién, aparte de ti, me conoce tan bien y me ama tan completamente? Solo tú sabes todo lo que hay por saber, pero yo sigo buscando soluciones en muchos otros lugares antes de acudir a ti. Perdóname, Señor. Tengo muchas preguntas y tú tienes todas las respuestas. Yo busco conocimiento, bondad y verdad; tú eres esas cosas. Hazme lo suficientemente sabia como para recordar esto cuando me siento tentada a buscar en cualquier otro lugar. Amado Dios, concédeme una sabiduría propia. Lo que es más, oro para que esta sabiduría vaya en primer lugar y siempre hacia ti, la única fuente verdadera de sabiduría.

¿Te falta sabiduría? ¿Se la has pedido a Dios?

Sumisión dispuesta

Obedezcan a sus líderes espirituales
y hagan lo que ellos dicen. Su tarea es cuidar el alma de
ustedes y tienen que rendir cuentas a Dios. Denles motivos
para que la hagan con alegría y no con dolor. Esto último
ciertamente no los beneficiará a ustedes.

HEBREOS 13:17 NTV

Dios y Señor, tú eres la verdadera autoridad, así
que debo recordar (y creer) que cualquiera que tiene
autoridad sobre mí la tiene porque tú lo has querido.
¡Somos tan jóvenes cuando empezamos a rebelarnos
contra esta idea! Nada más tener voluntad empecé
a ejercerla y a resistirme a cualquier persona que
intentara controlar cualquier aspecto de mi vida.
Como la pequeña que insiste en ponerse ella sola
los zapatos (cuando hubiera sido muchísimo más
sencillo permitir que mamá se los pusiera), yo sigo
luchando cuando siento que no tengo el control de mi
situación. Santo Espíritu, por favor, ¡aduéñate de mí!
Muéstrame el don de la sumisión voluntaria y de la
paz que viene de confiar en que cualquier autoridad
que hayas puesto sobre mí es por mi propio bien.

¿Te cuesta someterte? ¿Puedes confiar en Dios a través
de aquellos que están situados por encima de ti?

Autodisciplina

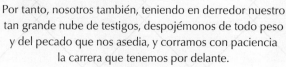

Por tanto, nosotros también, teniendo en derredor nuestro tan grande nube de testigos, despojémonos de todo peso y del pecado que nos asedia, y corramos con paciencia la carrera que tenemos por delante.

HEBREOS 12:1 RV60

Señor, tu Palabra me dice que tú no eres el único que me ve: todo el cielo se regocija cuando uno de tus hijos encuentra la verdad y los ángeles se quedan absortos en nuestras acciones, tanto las pequeñas como las más trascendentes. ¡Qué espectáculo debe de ser! Saber esto, cuando lo tengo presente, me motiva a elegir bien, a trabajar con esfuerzo, a aguantar más tiempo corriendo. ¡Gracias por eso! Y, Dios misericordioso, perdóname por las veces que lo olvido. Señor, ayúdame a amar la autodisciplina. Quiero que todo el cielo esté orgulloso de mí, especialmente tú, y para eso tengo que ser consciente de ti, de todos los cielos y del increíble legado del que formo parte como una más de tu familia.

¿Eres consciente del increíble legado que tienes como parte de la familia de Dios?

Mi futuro real

¡Vamos ahora! los que decís: «Hoy y mañana iremos a tal ciudad, y estaremos allá un año, y traficaremos, y ganaremos»; cuando no sabéis lo que será mañana. Porque ¿qué es vuestra vida? Ciertamente es neblina que se aparece por un poco de tiempo, y luego se desvanece. En lugar de lo cual deberíais decir: «Si el Señor quiere, viviremos y haremos esto o aquello».

SANTIAGO 4:13-15 RV60

Señor, tú conoces mi futuro; tú lo has planeado. Tengo sueños y hago planes, y sé cuánta de mi ambición por el futuro viene de ti. Aun así, también sé que es fácil que acabe por precipitarme y asuma que tengo por delante años o incluso semanas cuando, en realidad, puede que no sea así. Señor, ayúdame a centrarme en el futuro inmediato, en lo que haré con este minuto siguiente, no en el año o el capítulo siguientes. Recuérdame que busque tu propósito de modo que sea cual sea el minuto que marque el final de mi futuro terrenal, me haya preparado para mi futuro real contigo.

¿Cómo puedes estar centrada en el futuro inmediato y buscar el propósito de Dios para tu vida?

Tú estás presente

Nadie jamás ha visto a Dios; pero si nos amamos
unos a otros, Dios vive en nosotros y su amor llega
a la máxima expresión en nosotros.
1 JUAN 4:12 NTV

Señor, nada se compara con tu presencia. En el edificio de la iglesia, rodeada de música bonita y de otros creyentes que van ahí a reunirse contigo, es tangible. Tu gozo invade mi alma y sé que tú estás ahí. Y, cuando estoy lejos de tu santuario, te anhelo; busco tu presencia allá donde voy. Y entonces tu Palabra me lo recuerda. Cuando yo amo, tú estás presente en mí. Solo necesito amar para encontrarte. ¡Qué regalo! Te experimento solo con pensar en alguien a quien amo, sintiendo la calidez y la paz que acompañan a su imagen. Hablarles del amor que siento por ellos es hablarles del que sientes tú. Gracias, Padre, por el incomparable regalo de tu presencia en mi propio corazón.

¿Puedes tomarte un momento hoy para sentir la presencia de Dios en tu corazón?

Sigues prometiendo

Porque yo sé muy bien los planes que tengo para ustedes
—afirma el Señor—, planes de bienestar y no de calamidad,
a fin de darles un futuro y una esperanza.
JEREMÍAS 29:11 NVI

Padre que tanto me amas, desde el momento en el que me soñaste y empezaste a numerar los cabellos de mi cabeza ya planeaste las muchas bendiciones que derramarías sobre mi vida. Los planes y los sueños de un padre terrenal no son más que un ápice, un mero destello de la esperanza y la promesa que tienes en tu corazón, listas para derramarlas en el mío. Ayúdame a creer siempre que tus planes son mejores, que tu esperanza para mi vida es mayor de lo que puedo imaginar. Ayúdame a emprender con alegría y decisión tus planes. Te doy las gracias por todo lo que has hecho por mí y me maravillo ante el pensamiento de todo lo que todavía sigues prometiendo hacer. ¡Qué bien que me amas, Padre!

¿Sabes que Dios tiene planes para darte esperanza y un futuro?

No hay lugar para los celos

Cruel es el furor e inundación la ira;
pero ¿quién se mantendrá ante los celos?
PROVERBIOS 27:4 LBLA

Señor, tú concedes paz y humildad, sin espacio
para los celos. Cuando me acerco a ti, tengo todo
lo que podría desear, lo que me libera para ser
realmente feliz ante las bendiciones en las vidas de
los demás. ¿Por qué me permito alejarme tanto de tu
reconfortante presencia como para invitar a la envidia
a mi corazón? Veo que no aporta nada de belleza
a mi vida. De hecho, me hace estar peor. Padre,
perdóname por sentir que necesito o merezco algo
que tú no has elegido darme. Me avergüenza tener
esos pensamientos; por lo tanto, sé que no vienen de
ti. Vuélveme a llevar al contentamiento, donde puedo
estar a tu lado.

¿Estás satisfecha solo con Jesús?

Mi reconciliación

Porque si siendo enemigos, fuimos reconciliados con Dios
por la muerte de su Hijo, mucho más, estando reconciliados,
seremos salvos por su vida.
ROMANOS 5:10 RV60

Señor lleno de gracia, tú me perdonaste por
cada pecado que iba a cometer incluso antes de
que yo respirara por primera vez. Que jamás pierda
la fascinación por tu tremendo amor por mí y la
reconciliación que ya era mía muchísimo antes siquiera
de pedírtela. A menudo no siento que me merezca esta
bendición, Señor, y qué maravilloso es que este hecho
no cambie nada. Así que traigo mis pecados ante ti,
pidiéndote lo que ya es mío, no por necesidad sino
por gratitud, respeto y amor hacia ti. Señor, estar
reconciliada contigo es un regalo tan maravilloso que
ni siquiera puedo plantearme ser capaz de pagártelo.
Pero, con tu ayuda, viviré contigo todos mis días.

**¿Has llevado tus pecados a Jesús aunque puede
que no sientas que mereces su perdón?**

Belleza en el dolor

«¿Llevaría yo a esta nación al punto de nacer
para después no dejar que naciera? —pregunta el Señor—.
¡No! Nunca impediría que naciera esta nación», dice su Dios.
ISAÍAS 66:9 NTV

Señor, sé que tú siempre eres fiel y que siempre estás ahí para mí. Incluso cuando hay dolor tú puedes crear un bello resultado. Pero sigo sufriendo con esto, Dios. ¿Por qué tiene que dolerme esto? ¿Por qué no me puedo saltar esta parte, el sufrimiento, e ir directamente a la recompensa? No espero encontrar una respuesta. Solo quiero compartir sinceramente contigo lo que tengo en el corazón, confiada en que me darás algo de consuelo. Quizá la tranquilidad de que esto acabará o la promesa de que, como una mujer de parto, con el sufrimiento de ahora, algo maravilloso acabará por nacer. Algo que hará que valga la pena tanto dolor. Mientras ansío tu consuelo, déjame descansar en esa promesa.

¿Estás sufriendo? ¿Sabes que Dios puede hacer que nazca algo maravilloso de tu dolor?

Ya está ganada

Porque el Señor tu Dios está contigo; él peleará en favor tuyo y te dará la victoria sobre tus enemigos.

DEUTERONOMIO 20:4 NVI

Señor, estás siempre conmigo. Cualquier amenaza a mi gozo es tu enemiga, lo que significa que no tiene ninguna oportunidad de salir airosa. Gracias por estar al frente de cada batalla a la que me enfrento, Señor. ¡Perdóname por dudar de vez en cuando de nuestra victoria! Mi intención no es arremeter hacia adelante en mi impaciencia ni, por el miedo, retroceder, pero a veces acabo por fijarme más en el enemigo que en ti. El enfado o el temor acaban adueñándose de mí y yo misma soy la que hace que la victoria corra peligro. Cuando me abalanzo y paso por delante de ti, con la espada levantada y el escudo bajo, te doy las gracias porque te aseguras de que no me toque ninguna flecha. Y, cuando me dejo llevar por el pánico, te doy las gracias, Señor, por tu paciencia y tu amable consuelo. La batalla ya está ganada. La victoria es nuestra.

¿Crees que el Señor tu Dios es victorioso?

Cargar con lo suficiente

Pues ¿qué aprovecha al hombre, si gana todo el mundo,
y se destruye o se pierde a sí mismo?"
LUCAS 9:25 RV60

Dios, tú lo tienes todo en tus manos pero, aun así, prestas toda tu atención cuando te pido ayuda. ¡Maravilloso! Incluso el mejor malabarista del mundo acaba por tener demasiados objetos en movimiento y alguno termina por caérsele, pero a ti eso nunca te pasa. No hay oración sincera que tú no oigas. Te pediría que me ayudaras a ser mejor malabarista con mis propias cargas, pero sé que tú cuentas con una solución mucho mejor. Incluso si todas las responsabilidades que asumo valen la pena, si acabo por asumir demasiada carga, todo, yo incluida, terminará por los suelos. Padre, avísame cuando ya cuente con carga suficiente y si es necesario que suelte algunas cosas. No dejes que me dedique únicamente al trabajo; la vida es mucho más dulce cuando me centro completamente en ti.

¿Estás cargando con demasiado? ¿Necesitas soltar algunas cosas?

La derrota es imposible

Entonces serás prosperado, si cuidares de poner por obra los estatutos y decretos que Jehová mandó a Moisés para Israel. Esfuérzate, pues, y cobra ánimo; no temas, ni desmayes.

1 CRÓNICAS 22:13 RV60

Señor, ¿qué se siente al ganar siempre? ¿Entrar en cada batalla a sabiendas de que no puedes perder? Voy a admitir algo: tengo miedo de la derrota. Tengo miedo de parecer débil, de hacerme daño, de no saber a dónde ir después. Padre, dame tu certeza de que la derrota es imposible y de que no tengo nada que temer. Incluso aunque las cosas no salgan como yo quiero, habré evitado todas las horas desperdiciadas en preocuparme y dudar, y mi confianza (¡tu confianza!) me asegurará que lo que parece una pérdida es, en realidad, parte del plan; que mi victoria todavía está por alcanzar. Necesito que me des tu seguridad, Señor. Este miedo está volviéndose demasiado pesado y estoy lista para dejarlo a un lado.

¿Cómo puedes insistir en dejar tu miedo a un lado?

Como yo lo conozco

El mundo se acaba con sus malos deseos, pero el que hace
la voluntad de Dios permanece para siempre.

1 JUAN 2:17 NVI

Señor eterno, pienso en todo lo que durará mi vida, que para mí es una eternidad, y sé que para ti es una fracción minúscula de tiempo. Me cuesta entenderlo y, si te soy sincera, ni siquiera estoy segura de comprenderlo. A veces acabo agotada y he acabado por aceptar la idea de que todo tiene que acabar. La idea de hacer algo para siempre es, cuanto menos, intimidante. Pero entonces recuerdo tu bondad, tu absoluta perfección. Tu no querrías algo que no fuera maravilloso por completo. Sospecho que me siento intimidada simplemente porque estoy aquí, a este lado de la eternidad, donde nada me puede satisfacer. Aunque no puedo comprenderlo, mi corazón sabe que estaré completamente satisfecha contigo al otro lado.

¿No es maravilloso pensar que, si haces la voluntad de Dios, vivirás para siempre?

Una sabiduría como la tuya

Con Dios está la sabiduría y el poder;
suyo es el consejo y la inteligencia.
JOB 12:13 RV60

Sabio Padre, incluso antes de que pueda pedirte consejo, tú ya lo tienes a punto. Antes siquiera de saber que tengo que pedirte ayuda, tú ya has enderezado el camino para mí. Siempre sabes qué necesito. Siempre sabes qué es lo mejor para mí. Y, aunque no sé decirte por qué, yo busco constantemente en otros lugares, como si pudiera haber alguien, en algún lugar, que fuera tan sabio como tú. Tu paciencia tampoco tiene igual. Señor, recuérdame que debo buscar tu consejo por encima de todos los demás y, por favor, sigue perdonándome cuando acudo antes a otros. Tú has demostrado que puedo confiar en ti una y otra vez pero, aun así, sigo poniendo mi confianza en el mundo. Hazme lo suficientemente sabia como para saber que tu sabiduría es la única verdadera y que solo debo depositar mi fe en ti.

¿Es difícil poner tu fe solo en Dios?

Cada acto santo

Seguid la paz con todos, y la santidad,
sin la cual nadie verá al Señor.
HEBREOS 12:14 RV60

Santo Señor, ¿hay algo que pueda describirte
tan bien y tan exclusivamente como la palabra
«santo»? Eres completamente perfecto: sin pecado,
sin defecto. Cada vez que intento pasar un día sin
pecar, llega la hora del desayuno y ya he fallado.
Aun así, intentarlo me acerca todavía más a ti, así
que persevero. Busco tu santidad. Santo Espíritu,
¡gracias por la ayuda que me das cuando me hago a
un lado y te permito reinar en mi corazón! Amarte
como amas tú y actuar como lo haces tú es el deseo
más profundo de mi corazón. Cada acto santo de
generosidad, paz y cariño me acerca más a ti, que
es donde ansío estar.

¿Cuál es el deseo más profundo de tu corazón?

Se terminará

También en la obra de este muro restauré mi parte,
y no compramos heredad; y todos mis criados
juntos estaban allí en la obra.
NEHEMÍAS 5:16 rv60

Dios, tu perseverancia me da esperanza. Siempre estás en marcha, nunca detenido; siempre avanzas, nunca te rindes. En cuanto empiezas una obra, la terminas. Me gustaría poder decir lo mismo de mí, pero esta vida acaba siendo sobrecogedora y a veces detenerme es lo que más me apetece. Todo esto de correr, subir y cargar con cosas acaba siendo demasiado para mí y pienso que quizá debería rendirme. Pero eso no es lo que quiero, claro. No quiero detenerme, lo que quiero es terminar. ¡Ayúdame a perseverar, Señor! A través del cansancio, la decepción, los contratiempos e incluso los fallos pasajeros, ayúdame a perseverar. Recuérdame que estamos juntos en esta situación y que, por eso, podremos terminarla.

¿Cómo puedes perseverar debido a tu esperanza en Dios?

Un regalo del dolor

Este es mi mandamiento: que os améis los unos a los otros, así como yo os he amado.

JUAN 15:12 LBLA

Jesús, ¿cómo puede ser que te entregaras por pecadores tan desagradecidos y tan indignos como yo misma? Quiero ser altruista y a veces me acerco a serlo. Una espalda dolorida y unos pies llagados pasan inadvertidos ante una cara llena de gozo y ojos rebosantes de gratitud, aceptando tu regalo de amor nacido de un dolor pasajero. En esos momentos es cuando tu amor insondable por nosotros más me maravilla. Pienso en las veces en las que soy demasiado orgullosa, terca o estoy demasiado avergonzada como para mirarte a los ojos, y el regalo nacido de tu dolor me lleva a ponerme de rodillas. Gracias, Jesús, por tu perfecto y desinteresado corazón de amor.

¿Sabes que Jesús te ama?

Un bello reflejo

Una sola cosa le pido al Señor, y es lo único que persigo:
habitar en la casa del Señor todos los días de mi vida,
para contemplar la hermosura del Señor
y recrearme en su templo.

SALMO 27:4 NVI

Precioso Dios, cuando intento pensar que la puesta de sol más maravillosa, la flor más exquisita o el rostro más bonito no son más que un minúsculo reflejo de tu belleza, soy incapaz de imaginarla. Pero, ay, ¡cuánto deseo verla! Aunque solo fuera un momento, me encantaría saborearla. Cuando me la imagino ahora, me hace plantearme que para qué voy a gastar siquiera un solo segundo en mirar algo que no sea de ti. ¿Cómo puede ser que la oscuridad y la fealdad a veces acaben capturando mi atención? ¡Quítame el gusto por todo aquello que no es bello, Señor! Quiero dedicar todo mi tiempo a buscar tu bondad y gloria, y no quiero gastar ni un solo momento más en imágenes o fantasías que no inspiren, construyan o embellezcan el precioso mundo que has hecho para nosotros.

**¿Has contemplado la belleza del Señor
últimamente?**

Mi seguridad

No serán avergonzados en tiempos difíciles;
tendrán más que suficiente aun en tiempo de hambre.
SALMO 37:19 NTV

Dios, en momentos de dificultad, descanso en tu fidelidad. Se me amontona problema tras problema e intentan llegar a atraparme, pero tú eres mi seguridad. Por lo tanto, no desesperaré, sin importar lo mucho que aumente la presión. Solo sé que la única forma de que el enemigo me alcance es si abandono tu orilla, así que ahí me quedaré. Señor, calma mi alma. Confío en tu liberación, pero estas dificultades siguen afectándome. Me bombardean el dolor, la pena y la preocupación. Necesito escuchar tu canción, sentir tus brazos rodeándome y que me recuerdes cómo termina la historia.

¿Necesitas que te recuerden cómo termina la historia?

Acepta la espera

Entonces me invocaréis, y vendréis y oraréis a mí, y yo os oiré.
JEREMÍAS 29:12 RV60

Señor, sé que me oyes. Tus oídos están atentos a las oraciones de los corazones que se rinden a ti. Nada más oírme decir tu nombre, tú ya estás escuchándome. Ya has decidido cómo y cuándo responder, y esa respuesta (y el momento en el que la darás) es perfecta. Mientras espero, concédeme la paz, la certeza, el sometimiento que necesito para aceptar la espera. Me vuelvo impaciente, incapaz de ver todo lo que tú ves y de saber lo preciosa que acabará siendo la historia. Ven junto a mí, Dios, y tranquilízame diciéndome: «¡Esto acaba bien!». Terminará exactamente como tiene que hacerlo, completamente para mi bien.

¿Cómo puedes saber que Dios te escucha?

Agradecida ante las pruebas

Hermanos míos, tened por sumo gozo cuando os halléis
en diversas pruebas, sabiendo que la prueba de vuestra fe
produce paciencia. Mas tenga la paciencia su obra completa,
para que seáis perfectos y cabales,
sin que os falte cosa alguna.

JAMES 1:2–4 NRSV

Señor, estoy aprendiendo que, cuando camino
contigo, incluso las cosas complicadas son buenas.
Cada vez que me enfrento a una prueba, te tengo como
defensor. Aprendo una nueva faceta de tu maravillosa
compasión y provisión cada vez que me acompañas a
través de las tribulaciones. Nos acercamos más el uno
al otro y yo me hago más fuerte. Señor, ¡gracias por tus
pruebas! Nunca habría pensado que diría esto, pero es
cierto; te doy las gracias porque, cuantas más enfrente,
más comprenderé cómo me das forma y te muestras a
mí a través de ellas. Si estás conmigo, ya pueden venir
todas las que quieran. Estoy impaciente por saber más
de ti y ser una versión mejor de mí misma.

¿Estás mejorando a través de tus pruebas?

Donde tú estás

Porque donde están dos o tres congregados en mi nombre,
allí estoy yo en medio de ellos.

MATEO 18:20 RV60

Jesús, tú dijiste que estarías donde nos reunimos en tu nombre, ¡y así es! Hay algo precioso en las amistades basadas en la fe, algo sagrado en reunirnos con el objetivo de buscarte. Te siento, Señor, cuando estoy con mis hermanos y hermanas en Cristo. ¡Qué regalo! Dios, me encanta encontrarme con personas que te aman con locura. Sé que a ti también debe de encantarte, porque siempre estás ahí. Hay un amor intrínseco en la amistad cristiana que solo podría provenir de ti: trasciende edad, estratos e intereses mundanos, y va directa a la esencia de las cosas, que es donde te encontramos.

¿No es maravilloso que Jesús dijera que estaría con nosotros allá donde nos reunamos en su nombre?

Mayo

Pido que les inunde de luz el corazón,
para que puedan entender la esperanza
segura que él ha dado a los que llamó
—es decir, su pueblo santo—, quienes son
su rica y gloriosa herencia.

EFESIOS 1:18 NTV

Un atisbo

[...] porque ciertamente hay un futuro,
y tu esperanza no será cortada.
PROVERBIOS 23:18 LBLA

Dios de la promesa, muéstrame qué hacer con la decepción. Es tan difícil tener el corazón fijo en algo, orando por ello con confianza y fe, y que me digas que no. Quiero verlo como un «no todavía», o como «esto no, pero porque tengo algo mejor en mente». Pero, en el momento, lo único que puedo oír es el «no», y duele. Me duele en los oídos y me duele en el corazón. Necesito ver un atisbo de lo que me espera más adelante, Padre. Por favor, súbeme a tus hombros, solo un momentito, para poder ver que realmente el lugar hacia el que vamos es de verdad mejor que el camino que yo deseaba tomar.

¿Necesitas ver un atisbo de lo que te espera más adelante? ¿Puedes ver que Dios tiene un futuro para ti?

Cautivos liberados

Por lo tanto, Cristo en verdad nos ha liberado.
Ahora asegúrense de permanecer libres
y no se esclavicen de nuevo a la ley.
GÁLATAS 5:1 NTV

Señor lleno de gracia, tú has liberado a los cautivos. Aun así, cuando acabamos atrapados de nuevo, nos ofreces una forma de escapar y una habitación en la casa del Padre. ¿Te maravillas ante nuestra vacilación al aceptar? Gracias a tu amor redentor, la puerta a mi propia celda de prisión está abierta de par en par, sin rastro de guardias, pero aun así yo vuelvo a ella, acurrucándome en sus oscuras esquinas como si ese fuera mi lugar. Aun así, ahí me encuentras tú, cada vez, y me vuelves a llevar a la libertad de tu amor, de vuelta a mi hogar real. Gracias por sacarme de la oscuridad y por tu paciencia mientras vuelvo a acostumbrarme a la luz.

¿Cómo avanzas en la libertad que tienes a través de Cristo?

Todo lo que llevo

Al contrario, [...] [traten al extranjero] como si fuera
uno de ustedes. Ámenlo como a ustedes mismos,
porque también ustedes fueron extranjeros en Egipto.
Yo soy el Señor y Dios de Israel.
LEVÍTICO 19:34 NVI

Dios generoso, tú compartes todo lo tuyo conmigo.
A pesar de tu ejemplo, mis manos siguen firmemente
agarradas a todo lo que puedo sujetar y mis brazos
rodean con fuerza todo lo que no quiero compartir.
Ábreme, Señor. Recuérdame que todo lo que tengo es
bendición tuya y que lo he recibido para compartirlo.
Tráeme personas que me pongan a prueba, que
necesiten más de lo que quiero darles y que me pidan
más de lo que me parece que tengo que compartir.
Hazme aflojar los dedos de los puños cerrados y
hazme sentir la libertad de tener las manos abiertas por
completo. Abre mis brazos de par en par para que todo
lo que tengo acabe cayéndose y pueda abrazar a las
personas que tú me has dado para que las ame.

¿Qué cargas tienes de las que deberías liberarte?

Los enemigos lo verán

Bienaventurados los que padecen persecución por causa
de la justicia, porque de ellos es el reino de los cielos.
MATEO 5:10 RV60

Jesús, cuando pienso en la persecución a la que
te enfrentaste por decir la verdad, por sanar y por
señalar el camino al Padre, se me rompe el corazón.
Cuando advierto que hay personas que en este
instante están sufriendo por los mismos motivos,
siento que tengo que rogarte por ellos. Mientras
estas personas que te aman están encadenadas,
sufriendo tortura y peores cosas, ¡rodéalos de tu
presencia, Señor! Envía a tu Santo Espíritu a darles
una paz que trascienda completamente su situación.
Permite que sus enemigos vean la belleza de una vida
rendida completamente a ti, y haz que se rompa la
dureza de su corazón.

¿Para qué personas perseguidas puedes orar?

Dentro de los muros

Sea la paz dentro de tus muros,
y el descanso dentro de tus palacios.
SALMO 122:7 RV60

Padre, tú eres mi protector. Me esfuerzo constantemente por conseguir la posición, las posesiones y el poder para estar a salvo, pero solo contigo estoy realmente segura. Hazme saber esto, Señor, en lo más profundo de mi corazón. Muéstrame que todos estos esfuerzos no son más que correr en círculos. La seguridad solo viene de ti. Independientemente de la altura de mi torre o del tamaño de mi montón de riquezas, fuera de ti no hago más que intentar ocultarme a plena vista. Pero bajo tu protección, incluso si mi torre falla, no sufriré daños. Incluso si mi cuerpo se rompe, incluso si esta vida termina, contigo mi corazón está en paz; mi alma está segura.

¿Está tu corazón en paz y seguro con tu Padre celestial?

De dentro afuera

No juzgues por su apariencia o por su estatura,
porque yo lo he rechazado. El Señor no ve las cosas de la
manera en que tú las ves. La gente juzga por las apariencias,
pero el Señor mira el corazón.

1 SAMUEL 16:7 NTV

Señor, aunque a través de las Escrituras tú nos dices que Jesús no era nadie especial en quien fijarse, yo solo puedo imaginármelo con el rostro más precioso que jamás se haya visto. La belleza fluye con tanto poder de su corazón que nos ciega. ¿Es así como ves tú, Padre? ¿De dentro afuera? ¿Y cómo me veo yo? Me centro en mi aspecto físico, Señor. Lo admito. Dedico tiempo y dinero a presentar la mejor imagen posible al mundo, pero si tú me dieras la vuelta de dentro afuera, ¿qué pasaría? Hazlo, Padre. Dame la vuelta para que pueda ver lo que te importa a ti. Quiero invertir en la imagen que ves tú.

¿Sabes que el Señor te ve de dentro afuera?

Cuando dudes

A algunos que dudan, convencedlos.
JUDAS 1:22 RV60

Señor, ¡cuánto debe de dolerte cuando dudamos! Tu Palabra está llena de tu fidelidad, poder y promesas. Aun así, te ponemos en entredicho. Nos preguntamos si realmente estás ahí. Si realmente acabarás haciendo lo que has prometido. Sabemos que eres magnífico, pero dudamos de que cumplirás lo que nos dices. O, incluso peor, cuando las cosas se ponen feas, empezamos a plantearnos si acaso no nos lo habremos inventado todo. Nada puede durar; no hay amor terrenal que realmente pueda satisfacer. Es a lo que estamos acostumbrados, así que proyectamos esto en ti. Pero tú eres tan lleno de gracia, Dios, que incluso entonces sigues a nuestro lado. Sigues demostrándonoslo, independientemente de cuántas veces te supliquemos. En tu misericordia, tú tomas esta proyección de nuestras dudas y la transformas en tranquilidad.

¿De qué dudas? ¿Puedes creer en la misericordia de Dios?

No temeré mal alguno

Aunque pase por el valle de sombra de muerte,
no temeré mal alguno, porque tú estás conmigo;
tu vara y tu cayado me infunden aliento.
SALMO 23:4 LBLA

Dios, gracias a ti no hay nada que temer. Ni el mismísimo mal puede hacerme daño. El pecado es incapaz de agarrarme. Y yo me pregunto... ¿acaso creo esto? Si te soy sincera, espero no tener que averiguarlo por mí misma. Con solo pensar en lo aterrador que puede ser un sonido inesperado en medio de la oscuridad, me imagino que pasaría por una buena dosis de temor y temblor si me enfrentara al mismísimo mal. Pero tú ya sabes eso, ¿verdad? Y por eso nos tranquilizaste a través de tu Palabra. Tendré miedo, sí, pero no tengo que quedarme ahí. El mal no es nada para ti, así que no temeré porque tú estás conmigo.

¿Sabes en tu corazón que no tienes nada que temer porque Dios está contigo?

Mi inspiración

Toda la Escritura es inspirada por Dios, y útil para enseñar,
para redargüir, para corregir, para instruir en justicia.
2 TIMOTEO 3:16 RV60

Dios, ¡tu Palabra es un salvavidas! Me enfrente a lo que me enfrente, me cuestione o celebre, las palabras inspiradas de las Escrituras me dan lo que necesito. La vida que hay en sus páginas me inspira a vivir de forma más plena, más sincera y con más amor. ¡Gracias! Señor, hazme desear más tu Palabra y haz que mi comprensión de sus misterios sea más profunda. Muéstrame cosas que no haya visto jamás; respóndeme a preguntas que todavía no he hecho. Hazme ser consciente de cualquier cosa que le duela a tu corazón y ábreme al amor que no conoce límites. Haz que este sea la fuente de toda mi inspiración, para que mis palabras y acciones te den placer y gloria.

¿Quién es la fuente de tu inspiración?

Todo lo que soy

Ama al Señor tu Dios con todo tu corazón,
con toda tu alma y con todas tus fuerzas.
DEUTERONOMIO 6:5 NTV

Señor, tú das todo a aquellos que se comprometen contigo. Todo el poder del mundo está a mi disposición en cuanto decido dejar de depender del mío. El mismísimo amor podría morar en mí con solo que le dejara algo de espacio para ello. No sé cómo mis prioridades han acabado tan desequilibradas, Dios, pero la belleza de tu alma siempre acaba por volver a atraerme a ti. Tú me pides mucho (todo lo que soy) pero, a cambio, tú me ofreces todo lo que eres. ¿Y cómo me voy a negar? Aquí está mi alma, Padre. Llénala de tu sabiduría y gracia. Toda mi fuerza, mi poder, mi esfuerzo, quiero dedicarlos a servirte. Y, por favor, toma mi corazón, Señor. Vacíame de todo aquello que no sea amor; quiero rebosar de ti.

¿Has dado todo lo que eres a cambio de todo lo que es Dios?

Tú me entiendes

Porque no tenemos un sumo sacerdote incapaz
de compadecerse de nuestras debilidades,
sino uno que ha sido tentado en todo de la misma manera
que nosotros, aunque sin pecado.

HEBREOS 4:15 NVI

Dios, tú comprendes la tentación; tú sabes lo que
es la debilidad. Tú has venido a la tierra como hombre
y has sentido lo que es el hambre, lo que es el dolor.
Has vivido la tentación de primera mano. Conoces mis
luchas; tú has resistido el atractivo de las comodidades
y has sacrificado el placer de lo pasajero a cambio
de la satisfacción de lo eterno. Tú me entiendes.
Señor, qué regalo más grande es poder acercarme a
ti sin vergüenza, con firmeza, como alguien que está
intentando superar exactamente las mismas cosas
sobre las que tú triunfaste. Tú no me juzgas aunque
tengas todo el derecho a hacerlo. Tú empatizas conmigo
y me señalas el camino que viene después de hoy,
después de mi debilidad, hasta la eternidad.

**¿A que estás contenta de que Dios comprenda
la tentación y te haya dado una salida?**

Completa de nuevo

El Señor oye a los suyos cuando claman a él por ayuda;
los rescata de todas sus dificultades.
SALMO 34:17 NTV

Precioso Señor, cuanto más nos rompemos, más te acercas a nosotros. Las grietas que hay en nosotros hacen espacio para ti, y tú lo llenas con oro puro, haciéndonos completos de nuevo, pero más bellos y valiosos que antes. Un espíritu aplastado por este mundo tiene la oportunidad de volver a abrirse, a ensancharse y ver cómo sus asperezas se suavizan. Somos mayores y más fuertes tras haber cargado con el peso. Señor, todavía me siento algo frágil por los golpes que he recibido. Pero te daré las gracias por cómo has reparado con ternura, cuidado y amor este corazón roto y esta alma maltrecha. Atesoraré tu cercanía mientras trazo con los dedos las líneas de mis cicatrices.

¿Estás descorazonada o abatida? ¿Sabes que el Señor está cerca de ti?

Empatía

Gozaos con los que se gozan; llorad con los que lloran.
ROMANOS 12:15 RV60

Señor, que tú me eligieras para compartir mi vida,
con todos sus altibajos, es un tremendo milagro
para mí. Saber que mi dolor es tu dolor y mi risa
es tu risa me maravilla. ¿Cómo puedo importante
tanto, sabiendo que tan a menudo me doy demasiada
importancia a mí misma? Mi propia envidia me
impide sentir la alegría de una amiga que acaba de
conseguir algo que quiero yo. Mi miedo me distancia
de unirme a ellos en su dolor. Señor, ¡abre mi
corazón a la bendición de la empatía! Sí, me dolerá
cuando a los demás les duela, pero esto nos unirá
más entre nosotros... y a ti. Y también me elevaré
cuando ellos se eleven, y tú estarás con nosotros
también ahí.

**¿Tienes a alguien hoy con quien alegrarte
o llorar?**

Como debería de ser

Y como sabemos que él nos oye cuando le hacemos nuestras peticiones, también sabemos que nos dará lo que le pedimos.
1 JUAN 5:15 NTV

Generoso Dios, te pedimos y tú respondes. No a cada oración exactamente como te la hemos pedido, sino a cada intención pura, exactamente como debería de ser. Si oro para que una entrevista de trabajo salga como yo quiero, tú sabes si lo que realmente desea mi corazón es la seguridad, la importancia o incluso la comodidad, y es a esa oración a la que tú respondes. Si una relación no funciona a pesar de muchas oraciones, yo sé que tú has respondido a la necesidad que yo esperaba que esta persona supliera. Gracias, Señor, por conocer mi corazón. Tu generosidad no tiene excepción ni fallo; tus regalos son siempre buenos.

¿Sabes que Dios te oye cada vez que hablas con él?

Vivir ante la cámara

El que camina en integridad anda confiado;
mas el que pervierte sus caminos será quebrantado.
PROVERBIOS 10:9 RV60

Padre, ¿te ríes cuando nos escondemos, como una niña pequeña que se piensa que nadie la verá porque se ha tapado los ojos? Tú me ves. Estás justo aquí. Si pudiera verte a mi lado en el coche, a la mesa y especialmente cuando estoy sola con mis pensamientos, ¿acaso no me comportaría de otro modo? Santo Espíritu, dame una conciencia tan real de tu presencia que sea como vivir ante una cámara que emite a todos los cielos y la tierra. Quiero vivir una vida de tal integridad que ninguna frase o acción puedan dañar o socavar mi cercanía contigo o la reputación de tu iglesia. Si por algo se me conoce, que sea por mi inalterable compromiso contigo.

¿Cómo caminas en integridad?

El yo glorificado

No, amados hermanos, no lo he logrado,
pero me concentro únicamente en esto: olvido el pasado
y fijo la mirada en lo que tengo por delante [...].
FILIPENSES 3:13 NTV

Dios lleno de gracia, antes de pecar tú ya me has perdonado. Ayúdame a perdonarme a mí misma y a dejar el remordimiento a un lado. Tu gracia no tiene límites y te centras en lo que hay más adelante: en la persona en la que me estoy convirtiendo, no en la que solía ser. Tú ya ves a mi yo glorificado, a la heredera del trono, y esperas con ansia el día en el que llegaré. El remordimiento es engorroso; hace que el camino sea más incómodo e innecesariamente largo. Ayúdame a aceptar la gracia que ofreces sin las cargas del remordimiento y la vergüenza. Darles vueltas a mis pecados me limita a la hora de avanzar para terminar tu obra. Así que miraré hacia adelante, donde tú me esperas con mi corona.

¿Estás mirando hacia adelante, hacia tu corona?

Padre de bondad

Cantad alabanzas al Señor,
porque ha hecho cosas maravillosas;
sea conocido esto por toda la tierra.
ISAÍAS 12:5 LBLA

Señor, tú eres digno. Alabanza, respeto, honor, gloria... todo te corresponde a ti. Con la ayuda de tu Espíritu, hazme encontrarte en cada cosa buena. Cuando me maravillo ante el talento, hazme ver al creador de las manos que han pintado ese cuadro, al arquitecto de la voz que ha cantado la canción. Cuando contemplo la belleza, hazme ver la mente que la ha concebido. Haz que toda mi alabanza se dirija a ti, Señor. Hazme honrar al autor de mi fe, glorificar al inventor de la gloria y alabar al Padre de la bondad. Solo tú eres digno y solo a ti te alabaré.

¿Qué cosas excelentes ha hecho Dios por ti que ahora puedes proclamar para los demás?

Una vida cada vez más ajetreada

—Marta, Marta —le contestó Jesús—, estás inquieta y preocupada
por muchas cosas, pero solo una es necesaria. María ha
escogido la mejor, y nadie se la quitará.
LUCAS 10:41–42 NVI

Sabio Señor, ¿puedo sentarme un rato a tus pies y
descansar? Me gusta la sensación de importancia que
me da estar tan ocupada: me siento necesaria, con un
propósito, capaz. Pero he asumido tantísimas cosas que
no estoy segura de ser capaz, y mi propósito ya no es tan
definido como antes. En mi deseo de que me necesites,
me temo que he olvidado lo que yo necesito. Dios, ¡dame
perspectiva! La vida se vuelve cada vez más atareada; hay
muchas personas a las que amar y cosas por conseguir e
incluso, de vez en cuando, alguna carrera por correr, pero
recuérdame que me tome tiempo para recargarme, Señor.
Recuérdame que soy importante porque me amas, no por
lo mucho que hago.

¿Estás lista para sentarte y escuchar a Jesús?

Contigo

De manera que podemos decir confiadamente:
el Señor es mi ayudador; no temeré
lo que me pueda hacer el hombre.
HEBREOS 13:6 RV60

Dios todopoderoso, ¿qué es demasiado difícil para ti? Y contigo, ¿qué es demasiado difícil para mí? Contigo a mi lado, soy más fuerte. Contigo detrás, soy más resistente. Contigo delante, estoy protegida. Contigo sujetándome, soy inamovible. Contigo dentro, sé que todo esto es cierto. Tú me das confianza, Señor, y con esa confianza viene el triunfo. No importa quién se alce en mi contra; da igual lo que digan, lo que hagan o lo que tengan para intentar derrotarme. Te tengo a ti y tú me tienes a mí.

¿Qué es demasiado difícil para ti? ¿Es demasiado difícil para Dios?

Quédate luchando

Los justos podrán tropezar siete veces,
pero volverán a levantarse.
En cambio, basta una sola calamidad para derribar al perverso.
PROVERBIOS 24:16 NTV

Señor que nunca fallas, ahí estás para recogerme. La tierna forma en la que me pones en pie de nuevo me inspira para volver a intentarlo, independientemente de cuántas veces haya caído. Esto no acabará hasta que me rinda; yo seguiré en la lucha siempre que tú estés conmigo, levantándome. Gracias, Padre, por estar siempre ahí. Tú tomas lo que puede parecer un fracaso y me lo muestras como un paso más en mi avance. Cada vez que caigo aprendo más cosas sobre cómo mantenerme en pie; cada vez que me recoges aprendo más sobre tu inacabable fidelidad.

¿Has vuelto a tropezar? ¿Sabes que Dios estaba ahí para recogerte?

Sin ningún tipo de juicio

No juzguéis, y no seréis juzgados; no condenéis, y no seréis
condenados; perdonad, y seréis perdonados.

LUCAS 6:37 RV60

Señor Dios, tú eres el único juez justo. Solo tú
puedes ver lo que hay en nuestros corazones, más
allá de las máscaras que llevamos y de las cicatrices
que se han transmitido de generación en generación.
Perdóname por aquellas veces en las que yo tomo tu
maza de juez, pensando que sé quién es otra persona
a pesar de que me es imposible conocer su corazón.
Mi opinión nada influye en tu veredicto sobre ellos,
pero sí que puede ser lo que selle tu decisión sobre mi
destino. Lo siento, Padre. No tengo ningún derecho
a lanzar piedras a nadie. Vuelve a formar mi corazón
a imagen de Jesús: sin ningún tipo de juicio y de
condena, rebosante de perdón.

¿Tu corazón rebosa perdón?

Honrada

Pero si alguno no provee para los suyos, y especialmente para los de su casa, ha negado la fe y es peor que un incrédulo.
1 TIMOTHY 5:8 NASB

Señor, es maravilloso el modo en el que provees para tus hijos. Cuán atento eres con cada uno de los que te llamamos Padre; no hay nada que se te escape. En mi propia vida casi nunca soy capaz de dar la suficiente atención a todas las responsabilidades que me has confiado. De forma inevitable, acabo distrayéndome o ensimismándome y de nuevo vuelvo a necesitar perdón (tanto de ti como de otros). Señor, ¡siembra en mí un compromiso renovado! Que las personas que me has dado para amar y que las cosas que me has dado por hacer tengan prioridad por encima de cada tentación y cada distracción.

¿Qué o quién te distrae de lo que Dios quiere que hagas?

Un respiro en medio del esfuerzo

[...] Mi presencia irá contigo, y te daré descanso.
ÉXODO 33:14 RV60

Dios omnipresente, con solo recordar que siempre estás conmigo, el frenético ritmo de mi corazón se acompasa. No tengo que seguir corriendo, seguir mirando por encima del hombro, seguir esforzándome más allá del agotamiento. Estás conmigo, ¡no puedo fallar! No pasa nada por cerrar los ojos, porque los tuyos están siempre abiertos. Gracias, Señor, por montar guardia para que yo pueda descansar. Nada me dañará mientras descanso para recobrar fuerzas. Tú no lo permitirás. Cuando me tomo un respiro en medio de tanto esfuerzo, ahí estás tú, esperando, con todo lo que necesito para seguir adelante. Cuando ralentizo el ritmo y me encuentro contigo, salgo renovada.

¿Te has tomado el tiempo necesario para descansar en la presencia de Dios?

Otras cosas

Lo que habéis oído desde el principio, permanezca
en vosotros. Si lo que habéis oído desde el principio permanece
en vosotros, también vosotros permaneceréis
en el Hijo y en el Padre.

1 JUAN 2:24 RV60

Señor, tu Palabra está viva y quiero que viva en mí.
Cuando hago que mi corazón sea el hogar de todo lo que
me has enseñado, la paz reina en mi vida. Cuando lleno mi
interior con cosas de este mundo que acaban por echar
fuera tu verdad, acabo controlada por el caos, la confusión
y el descontento. El hecho de que yo permita algo así
resulta frustrante: ¿por qué motivo querría elegir cualquier
otra cosa que no fuera la paz de permanecer en ti? Santo
Espíritu, necesito tu presencia; de lo contrario, no soy
más que una vasija vacía, con tendencia a distraerme con
las estratagemas del enemigo. Quiero que te adueñes de
cada centímetro de mi corazón y mi mente, sin que quede
espacio para otras cosas que no sean tú. Permanece en
mí para que yo pueda permanecer en el Padre.

¿Has dejado espacio para otras cosas?

Mejor que ganar

No sean egoístas; no traten de impresionar a nadie.
Sean humildes, es decir, considerando a los demás
como mejores que ustedes.
FILIPENSES 2:3 NTV

Señor perfecto, incluso cuando eras un hombre
podrías haber ganado cada competición, superado cada
argumento y terminar con cada debate. Tu capacidad y
tu inteligencia ilimitadas te hacían invencible, pero tú no
viniste a esto. Y tampoco es el motivo por el que estoy
aquí, ¿verdad? Pero no me comporto como si tuviera
esto claro; perdóname. Señor, ayúdame a recordar que
solo porque puedo ganar no quiere decir que tenga que
hacerlo. Muéstrame que gran parte de mi vida no es
para nada una competición. Recuérdame que animar a
otros y ver sus triunfos a menudo me hace sentir mejor
que ganar yo misma y que para ti es mucho
más placentero.

**¿Estás compitiendo con alguien en vez
de animarlo?**

Aumenta mi fe

Los apóstoles le dijeron al Señor:
«Muéstranos cómo aumentar nuestra fe».
LUKE 17:5 NLT

Dios, independientemente de cuánta fe tenga, jamás será demasiada. A menudo tengo miedo de que no llegue a ser suficiente. Sé que eres bueno. Sé que eres capaz de grandes milagros y que te encanta maravillarnos. Aun así, te limito cuando limito mis oraciones. No te pido por lo que tú «quizá decidas no darme». Perdóname y aumenta mi fe. En los días en los que dudo, en los que temo, en los que vacilo a la hora de pedirte lo que sé que te encantaría darme, aumenta mi fe, Señor. Dime que te ponga a prueba pidiéndote con atrevimiento, creyendo con todo el corazón, y después fascíname respondiendo con tu perfecto amor.

¿Cómo puede que estés limitando al Señor con tu falta de fe?

Este favor inmerecido

Porque el pecado no se enseñoreará de vosotros;
pues no estáis bajo la ley, sino bajo la gracia.
ROMANS 6:14 NKJV

Dios, ¿cómo puedo agradecerte tu gracia? ¿Cómo puedo siquiera comprenderla? Este favor inmerecido es demasiado como para que mi mente lo comprenda. Independientemente de lo que haya hecho, soy perdonada. No hay pecado que me pueda reclamar que soy suya, ya que ya lo has hecho tú. Incluso cuando acepto esto, me quedo fascinada por lo injusto que es: tu favor es inmerecido, pero me lo has concedido profusamente. Lo que yo soy es tuyo: eso es lo único que importa. El pecado me invita a elegir la ley, a arriesgarme con actos y acciones, pero tú me invitas a volver a casa, derechita a los brazos de la gracia.

¿Estás viviendo como si estuvieras bajo la ley o bajo la gracia?

Pero sigues aquí

Ante ti, Señor, están todos mis deseos;
no te son un secreto mis anhelos.
SALMO 38:9 NVI

Señor, tú me encuentras en mi soledad y la conviertes en gozo. En los momentos en los que me siento sola, siempre puedo acercarme a ti. Cuando estoy sin nadie más, tu presencia me llena y me hace sentir completa. Cuando estoy rodeada de otros pero me siento incomprendida, o sola en mis convicciones, tu presencia me hace sentir aceptada. Tú me ves incluso cuando nadie más me ve. Saber que tú me ves (y que conoces incluso mis pensamientos) satisface mi deseo más profundo: el de ser comprendida y, a la vez, aceptada. Tú me conoces, pero sigues aquí, siempre. Ser tan amada hace que no haya espacio para la soledad.

¿Has depositado tus deseos ante el Señor para que él pueda suplirlos con su amor?

Ayúdame a soltar

Y de hacer bien y de la ayuda mutua no os olvidéis;
porque de tales sacrificios se agrada Dios.
HEBREOS 13:16 RV60

Señor, yo sé que, gracias a Jesús, ya no necesitamos demostrar nuestra devoción o hacer que nuestros pecados sean perdonados a través del sacrificio. Aun así, cuando puedo devolver algo de lo que tú tan generosamente me has concedido, siento que es bueno y justo. Quiero complacerte, Señor, y sé que a ti te encantan los corazones generosos. Dios, ayúdame a soltar el tiempo que agarro con tanta firmeza y a flexibilizar el concepto de lo que es mío. Veo esta cualidad en otros y observarlos es precioso. Sus actos altruistas me recuerdan lo generosa que podría llegar a ser si tan solo abriera las manos y soltara lo que aferran. Dame un corazón que comparta lo que he recibido, uno que dé más de lo que creo que puede dar.

¿Qué cosas aferras que deberías soltar?

Aceptación incondicional

Todo lo que el Padre me da, vendrá a mí; y al que viene a mí,
de ningún modo lo echaré fuera.
JUAN 6:37 LBLA

Precioso Señor, en un mundo donde la aceptación es un lujo poco usual, elusiva incluso entre los que más nos quieren, tu aceptación incondicional por mí es un regalo que atesoro. El día que acepté tu regalo de la vida eterna, tú me aceptaste, a mí y a todas mis imperfecciones, para siempre. Me siento inspirada, Señor, para ser incondicional en mis relaciones. Pero soy débil, imperfecta. Eso me hace juzgar, guardar rencor, retener para mí lo que nadie me ha retenido. Santo Espíritu, ¡no me permitas hacer esto, por favor! Recuérdame la aceptación que tengo en Cristo y exígeme que la tenga yo hacia las personas que hay en mi vida.

¿Te es difícil aceptar el hecho de que tu Padre celestial te ama incondicionalmente?

Busca la armonía

Por lo tanto, procuremos que haya armonía en la iglesia
y tratemos de edificarnos unos a otros.
ROMANOS 14:19 NTV

Dios, la belleza de la música me dice lo mucho
que te gusta la armonía. Los sonidos de las voces
e instrumentos entrelazándose, creando preciosas
melodías, te traen alabanza y hacen que te acerques
a nosotros, mientras que el ruido de discusiones y
desacuerdos te distancia de nosotros. En vez de
pelearme, hazme ceder si el resultado es la paz. Quiero
estar cerca de ti, Dios, siempre. Cuando me sienta
tentada a discutir, a hacer todavía más ruidosa la
cacofonía de ruidos que te aleja, haz que una canción
de alabanza llene mis pensamientos. Haz que la melodía
me inunde hasta que recuerde que ceder es armonía
y que la armonía es alabanza. Haz que todas mis
interacciones sean tan armoniosas como una sinfonía,
para que seas glorificado y te acerques más a nosotros.

¿Cómo puedes interactuar con los hijos de
Dios para animarlos y crear armonía?

Junio

Por tanto, os digo que
todo lo que pidiereis orando,
creed que lo recibiréis, y os vendrá.

Marcos 11:24 rv60

Fiable

Nunca se aparten de ti la misericordia y la verdad;
átalas a tu cuello,
escríbelas en la tabla de tu corazón.
PROVERBIOS 3:3 rv60

Dios fiel, tú eres fiable y en ti he puesto los cimientos de mi vida. Ojalá la gratitud hacia tu incansable compromiso conmigo produjera en mí la misma fidelidad hacia aquellos que me has dado para que los ame. Decepciono a las personas, Señor, y me duele hacerles daño. Quiero que la fidelidad fluya en mí con tanta naturalidad como el agua que brota de una fuente, Señor. Es importante para ti, Señor. Y lo sé porque veo que tú muestras de forma prominente tu propia fidelidad. Hazme ser tan fiable como tú, hazme tan comprometida con los demás como tú. Señor, haz que mi fidelidad esté grabada en piedra.

¿Eres una persona fiable y comprometida?

Me gozaré

Este es el día que hizo Jehová;
nos gozaremos y alegraremos en él.
SALMO 118:24 rv60

Señor, quiero ser agradecida por cada día, pero a veces las circunstancias hacen que sienta que es imposible. ¿Cómo puedo gozarme cuando estoy afligida o en peligro? ¿Dónde está la alegría en un día de dolor o cuando estoy en aprietos? ¡Ayúdame a encontrarla, Espíritu Santo! Cuando no puedo ver qué celebrar, invade mis pensamientos con tu amor increíble. No permitas que estos momentos de compasión, rescate y comodidad pasen sin yo reparar en ellos. Hazme sentir contenta por tener la oportunidad de depender de ti. Hazme gozarme cuando experimento tu paz, especialmente en los días en los que no hay paz a mi alrededor. Recuérdame que en cada día, en todos y cada uno de los días, está el gozo del Señor.

¿Crees que este puede ser un día maravilloso y repleto del gozo del Señor?

Mi todo

El hombre contestó: «Ama al Señor con todo tu corazón, con toda tu alma, con toda tu fuerza y con toda tu mente» y «Ama a tu prójimo como a ti mismo».

LUCAS 10:27 NTV

Dios, Jesús lo dio todo por mí. Así es como me amas, como nos amas a todos. Y así también es como quieres que te amemos a ti. Jesús vino para mostrarnos cómo vivir y su vida fue de completa devoción hacia ti y hacia nosotros, tus hijos. Gracias por mostrarnos un amor tan maravilloso. Llena mi corazón y haz que todos mis deseos se alineen con lo que quiere tu voluntad. Toma mi alma para ti; quiero alabarte solo a ti. Usa mi fuerza para construir tu reino. Moldea mi mente a través de tu Palabra. Hazme ver que la comodidad y la seguridad de mi vecino son tan importantes como las mías. Quiero dártelo todo.

¿Has dado tu todo?

Cada momento

Enséñanos a contar bien nuestros días,
para que nuestro corazón adquiera sabiduría.
SALMO 90:12 NVI

Sabio Padre, hazme aprender de ti. Más que cualquier cosa, enséñame a valorar las horas. Quiero aprovechar al máximo el tiempo que me has dado, pero día tras día, mis buenas intenciones acaban a la deriva en un mar de distracciones, o acaban arrastradas por el oleaje de mi rebelión voluntaria. Digo que esto no es lo que quiero, pero es lo que hago, una y otra vez. Dame un corazón sabio, Padre. Lo suficientemente sabio como para saber que cada momento es un regalo que merece gratitud e intencionalidad. Los planes que tienes para mí son buenos. Quiero cooperar contigo cada momento del día.

¿Estás aprovechando al máximo cada día?

Toda la gracia

En su bondad, Dios los llamó a ustedes a que participen
de su gloria eterna por medio de Cristo Jesús. Entonces,
después de que hayan sufrido un poco de tiempo,
él los restaurará, los sostendrá, los fortalecerá y los afirmará
sobre un fundamento sólido.

1 PEDRO 5:10 NTV

Señor, ¿por qué tenemos que sufrir? Hoy no voy a
hacer ver que esto me parece bien, Dios; simplemente
es demasiado difícil. ¡Duele tanto! Al ver a padres
llorar la pérdida de un hijo u oír de una víctima inocente
de un crimen atroz, me duele el corazón como si se
tratara de mi propio dolor, y solo puedo preguntarte
por qué. Esos son los momentos, Señor, en los que
quiero ver lo que tú ves, sabiendo cuándo terminará
el sufrimiento y cuándo empezará la era del constante
regocijo. Hasta entonces, descansaré en tu fuerza.
Dame toda la gracia que necesito. Tú impedirás que
me caiga e impartirás justicia.

¿Dónde necesitas la gracia de Dios hoy?

Ayuda humilde

Amados hermanos, si otro creyente está dominado por algún pecado, ustedes, que son espirituales, deberían ayudarlo a volver al camino recto con ternura y humildad. Y tengan mucho cuidado de no caer ustedes en la misma tentación.

GÁLATAS 6:1 NTV

Dios, los tuyos son los únicos estándares que importan. Ayúdame a vivir solo por ellos. Cuando me equivoque, dame el tipo de amigos que me exigirán que sea responsable. Y si sé del pecado de una hermana o hermano, dame la confianza y la convicción (no de mi propia rectitud, sino de la tuya) para hacer lo mismo. Santo Espíritu, no puedo hacer esto sin ti. Es mucho más fácil tolerar la transgresión o preocuparme solo de mis propios pecados, pero tú me pides mucho más que eso. Cuando lo necesite, lléname de la convicción, ternura y humildad necesarias para exigir responsabilidad a aquellos a los que amo. Y ayúdame a hacerlo de un modo que los honre tanto a ellos como a ti.

¿A quién puedes ayudar hoy, con ternura y humildad?

Antes de confesar

Si confesamos nuestros pecados, él es fiel y justo para perdonar nuestros pecados, y limpiarnos de toda maldad.
1 JUAN 1:9 RV60

Dios, tú conoces todos mis pecados incluso antes de que los cometa. Me perdonaste por todos ellos antes siquiera de que yo naciera. Lo único que pides a cambio es que los traiga ante ti. Antes de poder confesar, debo ser consciente de ellos. Y en cuanto soy consciente de ellos, debo sentir haberlos cometido. Necesito tu ayuda con ambas cosas; no puedo fiarme de mi propio corazón. Muéstrame todos mis pecados para que no quede nada sin confesar. Sin un espejo o un amigo, puede que jamás supiera que tengo la cara sucia. Sin tu Palabra ni la conciencia que me transmite tu Espíritu Santo, no podría saber jamás todas las formas en las que estoy en deuda por tu perdón. ¡Muéstrame, límpiame y permíteme darte las gracias por ello!

¿Tienes pecados por los que debes confesar y pedir perdón?

Somos familia

Por esta causa doblo mis rodillas ante el Padre de nuestro
Señor Jesucristo, de quien toma nombre toda familia
en los cielos y en la tierra.
EFESIOS 3:14–15 RV60

Dios, tú eres Padre de todos nosotros. Cuando pienso en lo profundo que es el amor de un padre terrenal y recuerdo que solo es una fracción de la profundidad de tu amor por cada uno de nosotros, me tiemblan las rodillas. Somos familia, tú y yo, junto con todas las personas que han existido. A duras penas puedo entenderlo. Padre, ayúdame a atesorar como es debido la familia que me has dado. Dan igual las disputas y las decepciones: los amo igual. Ellos me aman a mí. Al final, son lo más cerca que puedo estar de ti en esta tierra, lo que los convierte en el regalo más precioso que tengo. Gracias.

¿Atesoras la familia que Dios te ha dado?

Mi dolor más profundo

Bienaventurados los que lloran, pues ellos serán consolados.
MATEO 5:4 LBLA

Señor, me consuela saber que tú eres siempre sabio, siempre bueno y que siempre estás ahí para mí, especialmente en mi dolor. Jesús dijo que los que lloran son bienaventurados. Resulta confuso para aquellos que nunca han experimentado una pérdida (o que la han pasado sin ti como consuelo) pero, para mí, se trata de una bella verdad. Solo en mi dolor más profundo pude comprender la profundidad de tu amor. Poder tener tan solo un minuto de gozo en medio del sufrimiento por la pérdida de alguien a quien tanto amaba fue un regalo tan dulce que solo podía venir de ti. Poder creer, en medio de mi tremenda tristeza, que algún día podría volver a ser feliz, fue una prueba del poder consolador que tiene tu amor. Gracias por estar conmigo.

¿Estás afligida? ¿Necesitas el consuelo del Señor hoy?

Recibo tu misericordia, doy tu misericordia

Porque juicio sin misericordia se hará con aquel que no hiciere misericordia; y la misericordia triunfa sobre el juicio.
SANTIAGO 2:13 RV60

Misericordioso Dios, ¿cómo lo haces? No importa lo poco que la merezcamos, tú nos muestras tu compasión y nos das una nueva oportunidad, y luego otra. Mi propia misericordia acaba por agotarse. ¿Cuántas veces tendré que dar segundas oportunidades? «Pues tantas como has recibido tú», seguramente me dirías. Voy a necesitar que me ayudes también con esto. Ten misericordia por mi corazón sin compasión y cámbialo a mejor. Dame tu paciencia y gracia inagotables para poder mostrar una compasión inacabable, como la que tú me has mostrado a mí. ¿Qué mejor que agradecértelo siendo yo también misericordiosa con otros? Muéstrame cómo hacerlo y haz que tu compasión triunfe en mi vida.

¿Cómo has visto la misericordia de Dios hacia ti hoy?

Tú eres la seguridad

He aquí que yo les traeré sanidad y medicina; y los curaré,
y les revelaré abundancia de paz y de verdad.
JEREMÍAS 33:6 RV60

Dios, tú eres la seguridad. Cuando pongo mi esperanza en las cosas de este mundo (como el dinero, los logros, la aceptación o la salud), estoy destinada a la inseguridad. Ninguna de estas cosas (ni nada en este mundo) están garantizadas. Nada dura. No hay ninguna seguridad excepto en aquel que nunca cambia, aquel que no puede fallar, aquel que es el mismísimo amor. Haz que mi salud esté en mi alma, mis logros sean para tu reino, mi aceptación sea en tu mesa y que mis riquezas sean los tesoros en el cielo. Pongo toda mi esperanza en ti, para que esté segura.

¿Has depositado toda tu seguridad en Dios?

Para tu gloria

Pero buscad primero su reino y su justicia,
y todas estas cosas os serán añadidas.
MATEO 6:33 LBLA

Dios, no hay logro que tú no puedas conseguir. Tu grandeza me inspira a la grandeza. Veo lo espectacular que es la creación, lo maravillosos que son tus hijos, y ansío poder conseguir yo también algo tan grande. Sé que tú me has dado esta ambición, que es santa en su más pura expresión. También sé que el enemigo desea, más que cualquier otra cosa, torcer aquello que es santo. ¡Haz que mi ambición sea pura, Señor! Dame un deseo de ver tu propósito revelado y cumplido que ahogue todos los demás objetivos. Si deseo la grandeza, que sea grandeza para tu gloria. Si ansío la fama, que sea para dirigir la atención a la tuya. Usa mi ambición para cumplir la tuya, Dios.

¿Qué gran logro quiere hacer Dios en tu vida?

El motivo de mi éxito

Porque el Señor será tu confianza,
y guardará tu pie de ser apresado.
PROVERBIOS 3:26 LBLA

Dios, tú eres el autor de mi confianza. Todo talento o bondad que poseo vienen de ti. Confieso que a veces acabo definiendo quién soy a partir de mis atributos en vez de a partir de ti, que me has hecho quien soy. Pongo mi confianza en la inteligencia o los dones que me has concedido en vez de en ti, que eres quien me los ha dado. Perdóname, por favor. Si corro sin tropezar, es porque tú eres mi agilidad. Si soy la más rápida, tú eres mi velocidad. Si soy la que llega más lejos, tú eres mi resistencia. Señor, tú eres mi confianza. Tú eres el responsable de todo lo bueno que hay en mí y eres el motivo por el que tengo éxito.

¿Está puesta tu confianza en el Señor?

Mi paracaídas

Pero cuando tenga miedo,
en ti pondré mi confianza.
SALMO 56:3 NTV

Dios que quitas el temor, por favor, llévate el mío. Otra vez. Proclamo que te confío mi vida pero, en el momento en el que las cosas se ponen un poco feas, intento volver a retomar las riendas. Cuando más necesito rendirme es cuando me aferro con más fuerza a lo mío. Ayúdame a abrir las manos y a descansar en tus brazos, que me esperan abiertos. Tú eres mi paracaídas, Señor, y aun así me siento demasiado asustada como para tirar de la cuerda. Perdóname por mi falta de fe y demuéstrame (otra vez) lo tonta que soy, aguantando esta caída libre cuando estás justo a mi lado, esperando a que yo decida soltarme, para llevarme sana y salva a casa.

¿Puedes confiar en el Señor lo suficientemente como para que sea tu paracaídas?

Florecer

Más bien, crezcan en la gracia y en el conocimiento de
nuestro Señor y Salvador Jesucristo. ¡A él sea la gloria ahora
y para siempre! Amén.

2 PEDRO 3:18 NVI

Dios, tú que haces que crezca todo lo bello, ¡ayúdame
a florecer! Si fuera una planta, ¿dónde estaría en mi
ciclo de crecimiento? Sé que ya no soy una semilla,
ya que siento que he empezado a crecer. Mis raíces
han empezado a expandirse y a aferrarse a la tierra
a medida que me he ido acercando a ti y he ido
aprendiendo la verdad de tu Palabra. Y he sentido la luz
del sol cuando he emergido del suelo en una nueva vida
en ti. Pero, más allá de esto, ¿hasta dónde he llegado?
¿Cuánto me queda para llegar a ser la bella flor que
tú quieres que sea? Ayúdame, Padre, a crecer tan
alto, a arraigarme y a expandirme tanto como tú has
planeado y, después, a florecer con todo el color y el
atrevimiento de los que sea capaz.

¿Estás creciendo donde has sido plantada?

Pensamientos cautivos

Concéntrense en todo lo que es verdadero, todo lo honorable,
todo lo justo, todo lo puro, todo lo bello y todo lo admirable.
Piensen en cosas excelentes y dignas de alabanza.
FILIPENSES 4:8 NTV

Amado Padre, ¿por qué tan a menudo me toman cautiva mis pensamientos y me alejan del momento presente? Incluso al cantar una canción de alabanza conocida, mi mente a veces acaba divagando. En vez de sumergirme en el gozo de contemplar tu bondad, descubro que estoy o bien planeando mi día o repasando mi noche. ¡Ayúdame a dirigir mis pensamientos a ti! Eres la luz y la perfección, la belleza y la verdad. Así es como quiero pasar toda mi vida mental: pensando en ti y en tu gloriosa creación. No puedo controlar lo que me viene a la cabeza, pero sí que puedo aprender a girar las tornas y a capturar mis pensamientos antes de que me capturen. ¡Ayúdame, Señor, a dominar mi mente! Dirigiré mis pensamientos a ti y a todo lo que es bueno.

¿Qué pensamientos necesitas que sean cautivados por el Señor?

Elige tu camino

Como ciudad derribada y sin muro
es el hombre cuyo espíritu no tiene rienda.
PROVERBIOS 25:28 RV60

Señor, tú eres soberano y puedes tomar el control en cualquier momento, pero aun así nos das una libertad ilimitada. Para que aprendamos a controlarnos a nosotros mismos y a acudir voluntariamente a ti, tú decides no interferir. Aprendo poco a poco, Padre. Perdóname por mi falta de autocontrol. ¡Precioso Señor, necesito tu ayuda! Muéstrame lo vulnerable que soy cuando ignoro mis convicciones, pongo en peligro mi integridad y me rindo a la tentación. Estoy dejando la puerta abierta de par en par y el enemigo espera el momento perfecto para irrumpir con fuerza y adueñarse de mi vida. Recuérdame, Padre, que es mucho más dulce (y seguro) elegir tus caminos.

¿Por qué camino has decidido ir?

El buen sentido

La cordura del hombre detiene su furor,
y su honra es pasar por alto la ofensa.
PROVERBIOS 19:11 RV60

Señor, tienes una paciencia increíble y tu perdón es abrumador. No tengo ninguna duda de que te frustro, pero tú no te enfadas conmigo. Puede que yo tenga muy poca correa, y los estallidos de carácter que resultan son algo de lo que no estoy demasiado orgullosa. Perdóname por mi enfado. A ti te encanta que respondamos como tú lo harías; tardar en enojarnos es una muestra de tu bondad y te glorifica. Dame tu corazón, Padre; tu inacabable paciencia. Cuando me sienta ofendida, hazme pensar en cuán a menudo se me ha concedido gracia. Como yo he recibido, permíteme dar: gracia sobre gracia. Dame el buen sentido de pasar por alto una ofensa.

¿No sería maravilloso poder pasar por alto las ofensas y mostrar misericordia?

Contentamiento

Cada uno debería seguir viviendo en la situación
que el Señor lo haya puesto, y permanecer tal como estaba
cuando Dios lo llamó por primera vez.
1 CORINTIOS 7:17 NTV

Señor, tú has contado los cabellos de mi cabeza y
adviertes si cae uno solo de ellos. Tu atención hacia mi
vida es detallada y amorosa en gran manera. ¿Cómo
puedo cuestionar o quejarme de mis circunstancias? El
lugar donde estoy es el lugar en el que tú me ha puesto;
lo que tengo es lo que me has dado. Padre, perdona
mi inquietud y falta de contentamiento. Ayúdame, por
favor, a vivir y sentirme agradecida por mi propia
vida en vez de envidiar la de otra persona. Ayúdame
a saber que estoy aquí a propósito, como resultado de
tus amorosas intenciones. Lléname de contentamiento,
Señor, para poder aprovechar al máximo la vida que
has elegido para mí.

**¿En qué áreas te cuesta más tener
contentamiento?**

El guía definitivo

Imítenme a mí, como yo imito a Cristo.
1 CORINTIOS 11:1 NVI

Señor, gracias por el perfecto líder que tenemos en Cristo. Como seguidora, acabo por no dar la talla una y otra vez. Pero cuando quiero saber cómo arreglar las cosas, sé que siempre puedo dirigir mi atención de vuelta a Jesús y a los demás que lo han elegido como su líder y que están más adelante en el camino. Gracias por los devotos líderes que has puesto en mi vida y por Jesús, el guía definitivo. Cuando me desvíe del camino, tentada y distraída por las cosas atractivas y temporales de este mundo, llévame de vuelta. Cuando me sienta atraída por algo que contradiga las enseñanzas del Señor, convierte mi intriga en repulsa. Dirígeme, Señor; yo te seguiré.

¿Tienes a alguien que te ayuda a dirigir tu atención de vuelta a Jesús?

Nada a condenar

Por consiguiente, no hay ahora condenación
para los que están en Cristo Jesús [...].
ROMANOS 8:1 LBLA

Dios compasivo y perdonador, ayúdame a librarme
de mi culpabilidad y a rendirla a tus pies. Tú me
perdonaste hace ya mucho; te fue fácil. Pero Señor,
yo odio lo que he hecho. Tengo miedo de que, si me
perdono a mí misma, estaré excusándome, y lo que he
hecho no tiene excusa. Señor, ¡ayúdame a conocer
la diferencia entre convicción y condenación! La
culpabilidad y la vergüenza no forman parte de tu
plan para mí. Ayúdame a librarme de mi antiguo
yo y a examinar mis pecados como si los hubiera
cometido otra persona ya que, para ti, así es. En
Cristo soy una nueva persona: no hay nada que deba
condenarse.

**¿Cómo sabes cuál es la diferencia entre
convicción y condenación?**

Nunca es demasiado grande

—Ustedes no tienen la fe suficiente —les dijo Jesús—.
Les digo la verdad, si tuvieran fe, aunque fuera tan pequeña
como una semilla de mostaza, podrían decirle a esta montaña:
«Muévete de aquí hasta allá», y la montaña se movería.
Nada sería imposible.

MATEO 17:20 NTV

Señor Dios, tú que mueves montañas, ahora mismo
estoy en la cima de una. Sé que tú puedes hacerlo, pero
no estoy segura de que realmente crea que lo harás.
Parece demasiado grande, el tipo de cosa que tú
hacías hace mucho tiempo, pero no hoy en día. Parece
el tipo de milagro que harías para alguien con más
fe o que ha hecho más cosas para ti. ¡Ayúdame con
mi incredulidad, Señor! ¡Mueve esta montaña, Dios!
Lléname de confiada esperanza. Toma esta pequeña
semilla de mostaza y riégala. Haz que crezca en la
certeza, enorme y completa, de que incluso hoy en día,
tú puedes hacerlo y lo harás en el nombre de Jesús.

¿Qué montañas necesitas que mueva tu fe?

Desapego

No mirando cada uno por lo suyo propio,
sino cada cual también por lo de los otros.
FILIPENSES 2:4 RV60

Señor, tú eres completamente digno de alabanza, pero aun así tú dedicas todo tu tiempo a pensar en los demás mientras que yo, que no merezco ningún tipo de alabanza, me paso gran parte de mi tiempo pensando en mí. Ansío la libertad del desapego, ¡pero entonces advierto que incluso esa ansia está centrada en mí! A la hora de morir a mi yo, ni siquiera sé por dónde empezar. Padre, vuelve a formarme a tu imagen. La devoción hacia ti se manifiesta en la devoción hacia mis hermanos y hermanas, y quiero darte toda mi lealtad. Dame un corazón que, como el de Jesús, esté completamente centrado en ti y en los demás. Llévate todos los pensamientos sobre mí y sustitúyelos con expresiones de ti.

¿Tu corazón está centrado en Jesús y los demás?

Hacer que te sientas orgulloso

Procura con diligencia presentarte a Dios aprobado,
como obrero que no tiene de qué avergonzarse,
que usa bien la palabra de verdad.

2 TIMOTEO 2:15 RV60

Padre, sé que tengo tu amor y tu perdón; lo que ansío ahora de ti es tu aprobación. Como tú me amas de una forma tan perfecta, quiero que te sientas orgulloso de mí. Quiero ser la hija que busca constantemente formas de honrarte, a quien nunca hay que recordarle cuáles son las reglas. ¡Tenme cerca de ti, Señor, para poder oír tus palabras de ánimo y hacerte caso cuando me riñes! Hazme saber tu voluntad de forma instintiva y dame fuerzas a través de tu Espíritu Santo para actuar a partir de ella. Hazme sentir tu presencia de modo que me infunda los ánimos necesarios para hacer y decir solo lo que te glorifica; no solo porque temo tu ira, sino porque me encanta tu aprobación.

¿Sabes que tienes la aprobación de Dios?

Sé valiente

Mira que te mando que te esfuerces y seas valiente;
no temas ni desmayes, porque Jehová tu Dios estará contigo
en dondequiera que vayas.
JOSUÉ 1:9 rv60

Señor, mi valentía proviene completamente de ti. Enfrentarme siquiera a un solo día sin tu presencia protectora es inimaginable. Lo que debería ser igualmente difícil de imaginar es cómo puede ser posible que tenga miedo cuando estás conmigo; aun así, demasiado a menudo me dejo llevar por el temor. ¡Perdona mi debilidad, Padre! La vida se vuelve cada vez más complicada y las amenazas y los desafíos siempre se ciernen sobre mí. El temor siempre espera encontrar una oportunidad para saltarme encima y la aprovecha para inmovilizarme bajo su peso. Tú lo presencias todo y me recuerdas con suavidad que ahí estás. ¿Qué poder puede apresarme si antes tiene que enfrentarse a ti? Y de aquí saco la valentía, tomo fuerzas y sigo hacia adelante, audazmente, hacia lo que sea que me espera.

¿Cómo puedes saber que el Señor está contigo allá donde vayas?

Perdóname

Mira mi aflicción y mi trabajo,
y perdona todos mis pecados.
SALMO 25:18 RV60

Dios misericordioso, he pecado (otra vez) y siento la distancia que esto crea entre nosotros. Me temo que podría orar esto cada día y nada cambiaría. ¿Por qué es tan difícil hacer lo que quiero, que es vivir en tu voluntad? Puede que mis pecados sean pequeños, pero cada uno nos separa un poco más. Padre, perdóname, por favor. Odio mi pecado; odio el abismo que se abre entre nuestros corazones a medida que avanzo hacia la oscuridad y tú permaneces en la luz. Quiero estar cerca de ti, vivir en tu presencia y servirte. No hay nada que se compare a esto; debería saberlo bien: lo he probado todo. Tú eres todo lo que quiero, Señor. Por favor, ¡deja la luz encendida! Vuelvo a casa.

¿Crees que Dios te perdonará todos tus pecados?

Un nuevo corazón

El que cree en mí, como dice la Escritura,
de su interior correrán ríos de agua viva.
JUAN 7:38 rv60

Señor, en tu magnífico amor, tú tomaste mi corazón frío y egoísta y lo sustituiste por otro lleno de calidez y compasión. ¡Me diste un nuevo corazón! Los pensamientos y acciones que conozco no podrían salir del antiguo corazón con tanta libertad como de este nuevo. ¿Cómo puedo empezar a pagar tal deuda? Gracias, Señor, por mostrarme cuántas cosas hay en esta vida. Gracias por los sentimientos de misericordia, gracia, generosidad y esperanza. Gracias por los momentos en los que me olvido completamente de mí misma cuando me dejo arrastrar por ti. Gracias por las oportunidades para amar a otros, a personas con las que jamás me habría encontrado en mi estado anterior, y por la oportunidad de señalarles la fuente de mi nueva alegría. Gracias por la nueva vida de un nuevo corazón.

¿Están fluyendo los ríos de agua viva a través de tu corazón?

Por tu gracia

Si perdonas a los que pecan contra ti, tu Padre celestial
te perdonará a ti; pero si te niegas a perdonar a los demás,
tu Padre no perdonará tus pecados.
MATEO 6:14–15 NTV

Dios lleno de gracia, la profundidad de tu voluntad
para perdonarme me muestra cuán cerca de tu corazón
está el perdón. ¿Hay algo que valores más que cuando
extendemos tu gracia a alguien que la necesita? Y,
cuando no la merecen, ¿cuánto más te encanta que
mostremos un corazón lleno de perdón? Necesito tu
ayuda con esto, Padre. Cuando me enfrento a una
ofensa que no puede perdonarse, ayúdame a separarla
de la persona que me ha ofendido. Aunque las acciones
no siempre sean redimibles, recuérdame que las
personas sí. Ayúdame a recordar que no conceder
mi perdón es poner en peligro el tuyo. Y cuando por
tu gracia he dado gracia, concédeme el incomparable
placer de tu gozosa presencia.

¿Hay alguien que necesite que extiendas tu gracia o perdón?

Cuánto

Pues aun vuestros cabellos están todos contados.
MATEO 10:30 RV60

Dios, cuán perfectamente me amas; vuelvo a pensarlo una y otra vez y aun así no puedo creer cuánto te importo. Cada respiración tiene relevancia; cada cabello de mi cabeza está contado. Y tú te fijas en si caen, en cada uno. Tú tomaste forma humana y experimentaste todo dolor y tentación para comprenderme mejor, para expiar mis pecados. Tú moriste... por mí. La importancia que tengo para ti es demasiada, lo que es extraño, porque me esfuerzo muchísimo para ser importante aquí. Anhelo la atención, ansío los logros y me deleito cuando recibo elogios, pero ninguna de estas cosas importa en comparación con lo que tú, el Dios del universo, has hecho por mí. Tu tremendo amor me hace ser consciente de mi humilde persona. Gracias, Padre.

¿Eres consciente de lo mucho que le importas a Dios?

Gozosa rendición

Se me ha dado toda autoridad en el cielo y en la tierra.
MATEO 28:18 NVI

Jesús, reconozco tu autoridad sobre cada ser vivo y me maravillo de lo poco que la impones. Cuando anduviste sobre esta tierra pudiste haber sometido fácilmente a cada persona con la que te encontraste, y pensar en esto (y en el amor y la humildad que debiste de tener para dejar a un lado este tremendo poder) me corta el aliento. Tú no impones tu autoridad sino que buscas una gozosa rendición. Me rindo, Señor. Acepta mi bandera blanca y toma el control de toda mi vida. Confío completamente en tu autoridad y nada en la mía propia. Gozosamente, te tiendo mi corazón, mi voluntad y mi poder. Soy tuya.

¿Lo has rendido todo gozosamente a Jesús?

Julio

Escuchará las oraciones de los desposeídos;
no rechazará sus ruegos.

SALMO 102:17 NTV

Borrar la crítica

Eviten toda conversación obscena. Por el contrario,
que sus palabras contribuyan a la necesaria edificación
y sean de bendición para quienes escuchan.
EFESIOS 4:29 NVI

Dios, tú eres el único crítico digno, pero aun así solo ofreces gracia, aceptación y amor. Incluso cuando me estás haciendo ser consciente de mi pecado, lo haces de una forma en la que me siento amada, no criticada. Hazme aprender de tu ejemplo, Señor; mata a mi espíritu crítico. Solo porque algo se me pase por la cabeza, eso no significa que tenga que expresarlo en voz alta. Puede que conozca una manera mejor de hacer algo, pero si decirlo no sirve para nada bueno, enmudece mis labios. Cuando hable, que sea para construir, no para derribar; para animar, no para desanimar. Ayúdame a ser luz, Señor, no a arrojar sombras. Arranca las críticas de mi corazón y sustitúyelas por un amor incondicional.

¿Lo que dices beneficia a aquellos que te escuchan?

Tus motivos

Todo camino del hombre es recto ante sus ojos,
pero el Señor sondea los corazones.
PROVERBIOS 21:2 LBLA

Sabio Padre, ¿qué ves cuando miras en mi corazón? ¿Son correctas mis intenciones? ¿Son puros mis motivos? Pienso que vivo para ti, pero a veces temo que quizá vivo por cómo me haces sentir. También me pregunto si realmente estoy intentando impresionarte a ti, o al mundo que ve lo que hago y oye lo que digo en tu nombre. Muéstrame, Padre, si en mis motivos falta la verdad. Alinea mis objetivos con tus planes y haz que todos mis sueños sean solo los que tú me das. Motívame, Señor, para querer solo cosas buenas y solo por tus motivos.

¿Qué ve el Padre cuando mira en tu corazón?

Mientras espero

Pero anhelaban una mejor, esto es, celestial;
por lo cual Dios no se avergüenza de llamarse Dios de ellos;
porque les ha preparado una ciudad.
HEBREOS 11:16 RV60

Padre que estás en los cielos, ansío que llegue el día en el que tú establezcas aquí tu reino. Todo lo bueno del mundo (como el amor, la belleza o la paz) será todavía mejor, y todo lo oscuro habrá desaparecido. Ojalá que el final de la enfermedad, la adicción y la muerte llegue cuanto antes. Ojalá tú llegues cuanto antes. Sé que estás preparando un lugar para mí; estoy impaciente por verlo. Mientras espero, Señor, hazme dar y recibir amor, crear y experimentar la belleza, inspirar y vivir en tu paz. Ayúdame a satisfacer mi ansia de cielo mejorando esta tierra. Permíteme, Padre, conocerte tanto como pueda y mostrarte a los demás. Mientras espero que tu reino venga a la tierra, haz que tu Espíritu venga a mi corazón.

¿Te emociona pensar en que viene el reino de Dios?

Soy libre

Y conocerán la verdad, y la verdad los hará libres.
JUAN 8:32 NTV

Dios, solo la libertad que ofreces tú es realmente libre. Cuando decido ignorar tus caminos y soy libre para pecar cuando y como quiera, el mismo pecado me esclaviza. Puede que abra la puerta a cosas tan intrascendentes como los chismorreos y, antes de darme cuenta, la envidia, la avaricia y las medias tintas se han adueñado de mí y me tienen retenida en contra de mi voluntad. Pero contigo soy libre para ir donde yo quiera, libre de la carga que suponen las emociones y los actos negativos. Señor, gracias por invitarme a vivir en tu verdad. Tú me invitas a dejar que sea tu ley, la ley del amor, lo que gobierne mi corazón. Soy libre de aceptarlo y, si lo acepto, soy libre.

¿Te ha liberado la verdad?

Sencillez

Pero temo que como la serpiente con su astucia engañó a Eva,
vuestros sentidos sean de alguna manera extraviados
de la sincera fidelidad a Cristo.
2 CORINTIOS 11:3 RV60

Maravilloso Dios, tú contienes toda la complejidad del universo, pero en ti hay también una sencillez sinigual. Yo complico las cosas al dejar paso al mundo y todas sus trampas, pero una vida vivida para ti es realmente algo muy sencillo. Es todo amor. ¿Acaso puede haber algo más sencillo que eso? Señor, tú me pides muy poco: que viva con sencillez para poder amar con abundancia. ¿Por qué siento la necesidad de hacer que mi tarea sea más grande? ¿Por qué escucho la mentira de que necesito «más»? Como eres tan bueno, incluso la solución es sencilla: bajar el ritmo, dar un paso atrás y amar. Empezaré hoy mismo con esta sencilla petición: ¿me ayudarás?

¿Estás viviendo con sencillez para poder amar con abundancia?

Todo tiene su tiempo

Todo tiene su tiempo, y todo lo que se quiere debajo
del cielo tiene su hora.
ECLESIASTÉS 3:1 RV60

Señor, tú eres perfecto en sabiduría e infalible en los momentos que eliges. ¡No es de extrañar que puedas mantener en equilibrio al mundo entero! Permíteme aprender de ti, Dios. Cuando mi vida parece desequilibrada (que parece ser casi siempre) recuérdame que reflexione en tu sabiduría y en tu capacidad de elegir el momento perfecto. Ayúdame a pensar en el tiempo en el que estoy y ser lo suficientemente sabia como para saber qué es lo que importa y qué puede esperar. Recuérdame también que en equilibrio no quiere siempre decir exactamente al mismo nivel; un lado de la balanza puede ser mucho más pesado que el otro. Pero, si ambos platos están en el aire, hay un equilibrio. Y mientras yo me balanceo en el aire, intentando controlarlo todo, consuélame con la imagen de tu mano meciéndome con suavidad y manteniéndome a flote.

**¿En qué tiempo de la vida te está tocando
vivir ahora? ¿Puedes ver a Dios?**

No he sido derrotada

Pues todo hijo de Dios vence a este mundo de maldad,
y logramos esa victoria por medio de nuestra fe.
1 JUAN 5:4 NTV

Señor, tu victoria está asegurada. Me aferro a
esta esperanza al enfrentarme a mi propia derrota.
Hay días en los que tu poder y tu gran amor por
mí son lo único que me hace seguir adelante; la vida
me golpea, me dice que no y concede mis victorias
a otros. Padre, ¡abrázame con fuerza y vuélveme a
hablar! ¡Lo necesito! Me cuesta no rendirme cuando
acumulo fallo sobre fallo, pérdida sobre pérdida,
decepción sobre decepción. Recuérdame tu bondad
y restaura mi fe en que me recuperaré, Señor. Puede
que no sienta que será hoy, pero la victoria ya está
ganada. Puede que haya caído, pero no he sido
derrotada. Mañana llegará y mañana venceré.

**Mientras esperas al mañana, ¿crees que tendrás
la victoria?**

Atada a propósito

El perfume y el incienso alegran el corazón;
la dulzura de la amistad fortalece el ánimo.
PROVERBIOS 27:9 NVI

Dios lleno de gracia, amigo de todos, ¡cuánto te agradezco el regalo de la amistad! A diferencia de la familia, a la que me ligan la sangre y la historia, los amigos se atan unos a otros a propósito. Tú has elegido mis amigos especialmente para mí; tú nos has puesto unos junto a otros para que nos sintiéramos escogidos, especiales, comprendidos. Perdóname porque a veces subestimo las amistades que tengo. Sé lo afortunada que soy de haber sido bendecida con personas que me aman completamente por quien soy. Es otra forma de poder ver un destello de tu amor y de sus muchas facetas, y es maravilloso. Ayúdame a valorar y honrar a mis amigos, Señor, por el tesoro que son.

¿Qué amistades especiales te ha dado Dios?

Siempre que lo pida

Si algo pidiereis en mi nombre, yo lo haré.
JUAN 14:14 RV60

Señor Jesús, tú prometes hacer todo lo que yo pida en tu nombre. Debo confesar que a veces dudo de esto. Al fin y al cabo, cuando dos oponentes oran en tu nombre para obtener la victoria, siempre habrá uno que acabará decepcionado. Así que... ¿cómo sé que me ayudarás contra los que se oponen a mí? Amado Señor, con solo pronunciar tu nombre, la paz y la confianza acuden a mi corazón. La respuesta es clarísima: tú siempre me ayudas, incluso cuando no me salgo con la mía. Orar en tu nombre es orar rendida al Padre, quien siempre trabaja por mi bien, incluso cuando no es para mi felicidad inmediata. Gracias, Jesús, porque siempre encuentro mi gozo definitivo ante ti.

¿Qué le vas a pedir a Jesús hoy?

Mucha necesidad

Hasta los leones jóvenes y fuertes a veces pasan hambre,
pero a los que confían en el Señor no les faltará ningún bien.
SALMO 34:10 NTV

Señor, ¡hay tantísima necesidad! Cuando salgo de mí misma y me paro a pensar en ello, se me llenan los ojos de lágrimas y me abruma la impotencia. ¿Qué puede hacer alguien cuando hay tantísimo por hacer? ¿Por dónde puedo empezar? ¡Hazme estar atenta a tu respuesta, Dios! Atraviesa mi corazón hasta que llore por ellos. Sé que tú estás escuchando, listo para acudir allá donde te inviten. Mantenme ahí, saliendo de mí misma y en sintonía con las cosas que te rompen el corazón. Espíritu Santo, muéveme para pedirle al Padre que se mueva para ellos. Y después, ¡permíteme ver cómo responde!

¿Estás mirando al Señor para recibir una respuesta a todas las necesidades que hay a tu alrededor?

Cargado de dones

Ahora bien, hay diversidad de dones, pero el Espíritu es el mismo. Y hay diversidad de ministerios, pero el Señor es el mismo. Y hay diversidad de operaciones, pero es el mismo Dios el que hace todas las cosas en todos. Pero a cada uno se le da la manifestación del Espíritu para el bien común.

1 CORINTIOS 12:4-7 LBLA

Señor, ¡cuán agradecida te estoy por tu Espíritu Santo! Tú no quieres que haga esto sola, así que me has enviado a un ayudador y a un amigo: un amigo que viene cargado de dones. Puedo ver que mi don ha sido elegido pensando en mí; me queda a medida y me da gozo poder usarlo. Cuanto más consciente soy de los dones de los demás, más parece que los experimento. Gracias por los amigos con sabiduría, misericordia y discernimiento; ¡hacen que la vida sea mucho más plena! Gracias por los amigos con conocimiento y fe, ya que hacen que estos dones aumenten en mí. Ser consciente de que están actuando en el Espíritu me hace sentir mucho más cerca de ti, lo que magnifica mi gozo.

¿Qué don te ha concedido Dios para ministrar a los demás?

Tu amada hija

Toda tú eres hermosa, amiga mía,
y en ti no hay mancha.
CANTARES 4:7 RV60

Dios, ¡qué cosas más bellas haces! Empiezo a enumerarlas (bebés, flores, puestas de sol, pájaros, nieve...) y veo que la lista no tiene fin. Y lo más bello, con diferencia, son aquellas personas a las que amo. Los brazos de una madre, las manos de un padre, el rostro de un niño... Todo esto me quita el aliento y me llena de gratitud. Gracias, Señor, por un mundo tan bonito. Sé que, para aquellos que me aman, yo también aporto belleza. Es para mí todo un honor. En el espejo yo veo cosas que me gustaría cambiar: defectos, imperfecciones e indicios de la edad. Pero detrás de mí, con las manos puestas con orgullo sobre mis hombros, tus ojos ven a tu preciosa, amada hija. Para ti soy más bella que la puesta de sol. Soy tan bonita como una rosa.

¿Sabes que Dios te ve bella?

Tristeza

Echando toda vuestra ansiedad sobre él,
porque él tiene cuidado de vosotros.
1 PEDRO 5:7 RV60

Dios, nada me hace sentir más amada por ti que saber que quieres llevar mis cargas. Tu prefieres tomar mi pena en vez de verme sufriéndola. Tú prefieres cargar con mi tristeza en vez de observar mis lágrimas. Cuán grande es tu empatía; tu amor es realmente más de lo que puedo comprender. Admito que mi carga acaba siendo difícil de soportar. La ansiedad me paraliza y la depresión me hace incapaz de siquiera intentar escapar. Sé que tú ves esto; nada escapa a tu percepción. «¡Dámela!», me dices, animándome. Y a veces necesito tus fuerzas incluso para responder. Gracias, Señor, por dármelas cuando es así.

¿Qué tristeza puedes depositar en Jesús hoy?

Un bello futuro

Ningún ojo ha visto, ningún oído ha escuchado,
ninguna mente ha imaginado
lo que Dios tiene preparado
para quienes lo aman.
1 CORINTIOS 2:9 NTV

Señor, me pongo ansiosa si pienso en el futuro. Intento imaginarlo y es vago e incierto; borroso y sin detallar. Sé que tú lo conoces y sé que es bueno, mucho mejor que cualquiera de las cosas que podría llegar a imaginar. Este bello futuro es tu promesa para aquellos que te aman, y cuánto, cuánto te amo yo. Perdona mi ansiedad, Dios. No quiero deshonrarte y confío en ti, Señor, con mi vida. Me encanta que escape a mi imaginación, porque lo que ya imagino es bastante maravilloso. Tengo ganas de llegar y ver qué has hecho.

¿Cómo te imaginas lo que Dios ha preparado solo para ti?

Una voz

Porque él librará al menesteroso que clamare,
y al afligido que no tuviere quien le socorra.
SALMO 72:12 RV60

Padre, hay alguien en algún lugar sin voz, alguien que nunca ha conocido la esperanza, que no tiene ni idea de que existes, y mucho menos de cuánto lo amas. Haz que mi voz sea la de él por hoy; permite que mi esperanza sea la de ella. Inunda a los desamparados con una paz que haga que lo insoportable sea algo más que soportable. Dales esperanza, Dios, de que su situación cambiará. Envía a tus ángeles y envía a tus sirvientes, Señor, a esas personas a las que nunca conoceré y que sufren de formas que no puedo imaginar. Llévate su desesperación. Enciende una luz donde ninguna ha brillado. Lleva ayuda allá donde ninguna ha llegado. ¡Muéstrales tu gloria!

¿Orarás hoy por alguien sin esperanza para que Dios le revele su amor?

Obediencia

Seguiré obedeciendo tus enseñanzas
por siempre y para siempre.
SALMO 119:44 NTV

Padre, no mereces otra cosa que lo mejor de mí. Te ofrezco mi amor, mi alabanza, mi respeto, pero me reservo mi obediencia. ¿Parece falsa mi entrega de todo lo demás sin obediencia? ¿Cuánto te amo realmente si me niego a escuchar tus buenos consejos? ¿Cómo puedo decir que te respeto si me niego a seguir tus instrucciones? Perdóname, Señor. Confío en tus planes para mi vida; sé que tus instrucciones son para mi bien y para tu gloria. Tú eres un buen Padre, digno de una hija obediente. Quiero obedecerte, Señor, para que mi amor realmente parezca amor y para que mi alabanza salga de una creencia sincera.

¿Quieres obedecer a Dios y darle lo mejor de ti?

Mi fuerza

Esforzaos y cobrad ánimo; no temáis, ni tengáis miedo
de ellos, porque Jehová tu Dios es el que va contigo;
no te dejará, ni te desamparará.

DEUTERONOMIO 31:6 RV60

Dios todopoderoso, gracias a ti no tengo que ser fuerte. Admito mi debilidad, mi falta de autocontrol, mi miedo y cualquier cosa que disminuye mi fuerza. Tú eres suficientemente fuerte para los dos; lo único que tengo que hacer es creer en ti. Señor, ¡tú eres mi fuerza! Ayúdame a creer esta verdad. Dime otra vez que puedo descansar en tu poder cuando el mío no es suficiente. Cuando empiezo a creerme las mentiras que el miedo y la tentación me dicen, haz que tu voz suene más fuerte y recuérdame que tú estás siempre conmigo, que tú nunca fallas.

¿Estás descansando en Dios para que sea tu fuerza?

Que Dios te bendiga

El Señor te bendiga y te guarde;
el Señor te mire con agrado y te extienda su amor;
el Señor te muestre su favor y te conceda la paz.
NÚMEROS 6:24-26 NVI

«Que Dios te bendiga». Eso es lo que decimos sin pensar cuando alguien hace algo bueno. Señor, llévame a pensar bien lo que digo. Quiero extender tu bendición sobre la vida de esta persona e invocar tu favor a mi alrededor. Tus bendiciones son la cosa más dulce de esta vida; ¡no me permitas pronunciarlas si realmente no es lo que quiero decir, Padre! Cuando pienso en el peso real de estas palabras, en la alegría que supone recibir tus buenos regalos, soy consciente de que las digo con ligereza. Inspírame para proclamar con sinceridad, fuerza y frecuencia tu bendición sobre las vidas de las personas. Que tu rostro brille sobre ellos de un modo que llene sus corazones y que los maraville.

¿A quién puedes decirle este versículo hoy?

Todo mi deseo

Piensen en las cosas del cielo, no en las de la tierra.
COLOSENSES 3:2 NTV

Precioso Señor, cuando estoy en tu presencia, todo lo demás parece no tener ninguna importancia. Las cosas materiales palidecen en comparación con recibir una nueva revelación de tu Palabra; no hay cantidad de aprobación pública que pueda compararse con sentir tu placer; no hay placer físico que se acerque al sentimiento de ser consolada en los brazos de mi Padre. ¡Quiero que todo mi deseo sea para ti, Dios! Dame repulsión por las cosas de este mundo y haz que tenga hambre por las cosas de los cielos. Que tu voluntad sea todo lo que busque y tus ofrecimientos lo único que acepte. Que lo único que quiera sea ser más y más como tú.

¿Cómo lo haces para pensar en las cosas de los cielos en vez de las de la tierra?

Un corazón generoso

En todo os he enseñado que, trabajando así, se debe ayudar
a los necesitados, y recordar las palabras del Señor Jesús, que
dijo: «Más bienaventurado es dar que recibir».
HECHOS 20:35 RV60

Generoso Dios, sé que a ti te agradan los dadores
alegres, ¡y yo quiero ser una! Quiero dar con gozo
y tanto como pueda. Pero puedo llegar a ser tan
egoísta, Padre... Me gustan mis caprichos y a veces
escucho a esa voz que me dice que los merezco.
Cuando me aferre a mis lujos, ahoga esa voz con
la tuya. Recuérdame el maravilloso sentimiento
que experimento al ser generosa. Recuérdame
cuánto tengo y cuán poco necesito. Hazme ser
siempre consciente de cuánta gente depende de la
generosidad de otros para suplir sus necesidades
básicas. Concédeme un corazón generoso.

¿Eres una dadora alegre?

Eres tú

Pero el Consolador, el Espíritu Santo, a quien el Padre enviará
en mi nombre, él os enseñará todas las cosas, y os recordará
todo lo que os he dicho.

JUAN 14:26 LBLA

Espíritu Santo, las Escrituras me dicen que estás conmigo. Eres tú quien me enseña, me recuerda lo que necesito y me ayuda a través de esta vida. Eres tú quien responde cuando pido ayuda. Eres a la vez un misterio y completamente familiar. Vives en mi interior y me rodeas. Eres Dios y eres mi amigo. Te invoco ahora, Espíritu. Ayúdame a responder a la situación que tenga delante como lo habría hecho Jesús, haciendo que mi Padre se sintiera orgulloso. Inúndame de tu poder y también de tu ternura. Concédeme tu sabiduría junto con tu paciencia y tu fuego junto con tu paz.

¿Qué necesitas que el Señor te recuerde para la situación a la que te enfrentas?

El mismo muro

En tres ocasiones distintas, le supliqué al Señor que me [...]
quitara [una espina en mi carne].
2 CORINTIOS 12:8 NTV

Señor, tú siempre me oyes y siempre respondes; tu juicio es siempre perfecto. Cuando estoy luchando contra un obstáculo, recuérdame que puede que hayas sido tú quien lo ha puesto. Cuando sigo topándome una y otra vez con el mismo muro o llegando al mismo callejón sin salida, hazme pensar que quizá me estás animando a seguir por un nuevo camino. Perdona mi tozudez cuando a veces intento escalar las barreras que tú eriges para llamarme la atención. Sé que tú sabes mejor lo que me conviene y que me amas más de lo que puedo comprender. Impedirme alcanzar objetivos que tú no has marcado para mí es una señal de lo muchísimo que te preocupas por mí. Incluso cuando no lo comprendo, te doy las gracias, Padre, por tu perfecto amor.

¿Te has topado con un muro? ¿Es posible que el Señor quiera que tomes otra dirección?

Rendirme de nuevo

Dame, hijo mío, tu corazón,
y miren tus ojos por mis caminos.
PROVERBIOS 23:26 RV60

Me rindo, Señor. Lo digo de verdad cada vez que me ofrezco a ti. Te confío toda mi vida y te amo con todo el corazón. Y después empiezo a retroceder, poquito a poquito. Bueno, volveré a llevar las riendas de mi economía de nuevo. Y también tomaré el timón de mi vida amorosa. Y sí, creo que es mejor que me encargue yo de mi bienestar físico, ya que estoy aquí. Pero pronto, en nada, veo que he vuelto a embrollar las cosas. Otra vez. Así que de nuevo me rindo, Dios. Tómalo todo, incluso lo que intento ocultarte, lo que intento quedarme para mí. Quiero ser completamente tuya; solo así estaré completa.

¿Estás volviéndote a quedar con las cosas que habías entregado al Señor?

Con compasión

Y salió Jesús y vio una gran multitud, y tuvo compasión de ellos,
porque eran como ovejas que no tenían pastor;
y comenzó a enseñarles muchas cosas.
MARCOS 6:34 RV60

Padre de la compasión, cuán agradecida te estoy por tu ternura hacia mí. Incluso cuando me he metido yo sola en los problemas, tú me ves en mi angustia y me rescatas. Me restauras con delicadeza; contigo nunca tropiezo. Es increíble. Tú sabías que yo nunca podría hacer lo suficiente, ser lo suficiente, así que tú, que eres más que suficiente, te pusiste en mi lugar. Me enseñas con paciencia, independientemente de cuánto me lleve aprender. Me perdonas una y otra vez, sin importar cuántas veces peco. Me amas con compasión. Gracias.

¿Le has dado las gracias al Señor últimamente por su compasión hacia ti?

Recurso de esperanza

Por lo cual, animaos unos a otros,
y edificaos unos a otros, así como lo hacéis.
1 TESALONICENSES 5:11 RV60

Dios, ¡cuántos ánimos me infunde tu Palabra!
Me enfrente a lo que me enfrente, en ella encuentro
una fuente de fuerza, consuelo o sabiduría. Debido
a todo lo que has hecho por mí, me descubro
queriendo compartirlo y ser de ánimo para aquellos
que me rodean. Señor, dame un corazón dispuesto
para los que sufren; pon versículos en mi cabeza
que les sean de bendición. Hazme ser una fuente
de esperanza mostrándote a otros. Hazme ser un
testimonio vivo, Padre. Cuando las personas vean
mi vida transformada, anímalas y haz que sepan que
nunca es demasiado tarde para volver a ti; tú puedes
cambiar incluso el corazón más duro.

¿Cómo puedes animar a alguien hoy?

Un amor gratuito

Porque por gracia habéis sido salvados por medio de la fe,
y esto no de vosotros, sino que es don de Dios;
no por obras, para que nadie se gloríe.

EFESIOS 2:8-9 LBLA

Dios lleno de generosidad y de amor, de todos tus regalos, tu gracia es la que más me asombra. No hay palabras que puedan describir lo agradecida que estoy por este perdón inmerecido, este amor gratuito. A veces debe incluso de parecer que te devuelvo todo esto con desdén; perdóname por mis muchos pecados, Padre. Hazme recordar este momento, Señor: cómo me siento al meditar en tu favor inmerecido y saber que me has concedido tu gracia. El hecho de que no merezco esto, que jamás podré merecerlo, es lo que lo hace tan maravilloso, pero no me permitas usar esto como excusa para dejar de intentarlo. Tú te mereces todos mis esfuerzos y más.

¿Has pensado últimamente en la maravillosa gracia de Dios hacia ti?

Ejercita la esperanza

Alégrense por la esperanza segura que tenemos.
Tengan paciencia en las dificultades y sigan orando.
ROMANOS 12:12 NTV

Dios, tú lo haces todo mejor, incluso la espera. Fuera de tu influencia me vuelvo impaciente y, si tengo que esperar la respuesta a una oración, a veces incluso me replanteo mis buenas decisiones. Ciertamente, si no estoy en ti a duras penas puedo aguantar que haya un poco de tráfico o una cola en el supermercado. Pero contigo, esperar se vuelve un ejercicio de esperanza. Como confío en ti, puedo creer en el resultado de mi espera; sé que será para mi bien. Me invade la esperanza mientras espero tu respuesta, tu solución, tu reacción a mis necesidades, mis preguntas y mis sueños. Tu promesa convierte la impaciencia en expectación, la espera en gozo.

¿Te invade la esperanza mientras esperas la respuesta de Dios?

Comparado con la gloria

De hecho, considero que en nada se comparan
los sufrimientos actuales con la gloria que habrá
de revelarse en nosotros.

ROMANOS 8:18 NVI

Señor eterno, ¡qué difícil es soportar el dolor!
Cuando no lo puedo evitar y cuando parece que ha
llegado para quedarse, necesito que me recuerdes que
este no es mi hogar. El tiempo que paso aquí será tan
solo un suspiro en mi siempre jamás contigo. Vuélveme
a decir que, en el cielo, ni siquiera recordaré esto
que ahora me parece una eternidad. Padre, necesito
que sigas diciéndomelo, porque el dolor me agota.
Empiezo a creer que siempre me sentiré así, y sé que
es mentira. El sufrimiento aquí se convertirá en gozo
en el cielo. Este dolor momentáneo no es nada, ¡nada
de nada!, en comparación con el gozo que tienes
preparado para mí en cuanto llegue a mi hogar.

**¿Crees que tu dolor presente no es nada en
comparación con el gozo que está por venir?**

Resistir

No os ha sobrevenido ninguna tentación que no sea humana;
pero fiel es Dios, que no os dejará ser tentados más de lo
que podéis resistir, sino que dará también juntamente con la
tentación la salida, para que podáis soportar.
1 CORINTIOS 10:13 RV60

Padre celestial, ansío hacer que te sientas orgulloso de mí. En mis mejores momentos, cuando estoy más conectada a ti, la tentación es fácil de resistir. En comparación con descansar en tu favor, los placeres pasajeros del pecado no son nada. Pero casi nunca estoy en mis mejores momentos. Cada vez que me rindo al pecado, mi conexión contigo se vuelve más débil. Ayúdame a resistir, Dios. Quizá debería verlo de otra forma: no como una señal de lo débil que soy porque soy tentada, sino como una muestra de tu fuerza en mí porque soy tentada y puedo resistir. Ayúdame a ver la tentación como una señal de tu fe en mí, como una oportunidad para demostrar que tienes razón al haber confiado en mí.

¿Notas cómo Dios te fortalece cuando te enfrentas a la tentación?

Constante

Este cambio de planes molestó mucho a Jonás y se enfureció.
JONÁS 4:1 NTV

Dios, en un mundo en constante cambio, es maravilloso saber que eres quien dices ser y quien siempre has sido. La tierra y su gente cambian constantemente, pero tú sigues siendo el mismo. Si olvido esto, hazme elevar mi mirada a las estrellas. Solo tú eres constante, mi estrella polar cuando pierdo toda la orientación. Me encanta esto de ti, Señor. Pero ahora vivo aquí y necesito que me ayudes a abrazar la inconstancia de esta vida. Las cosas siguen moviéndose cuando me gustaría que se quedaran quietas. Recuérdame que tú eres estable. Tú no cambiarás ni cambiará tu parecer sobre mí, independientemente de cuánto te pueda llegar a decepcionar. Asegúrame que, si cambias mi rumbo, es para hacerme estar en la misma línea que tú.

¿Está Dios cambiándote el rumbo?
¿Confías en él?

Mi resistencia

Por tanto, nosotros también, teniendo en derredor nuestro
tan grande nube de testigos, despojémonos de todo peso
y del pecado que nos asedia, y corramos con paciencia
la carrera que tenemos por delante.

HEBREOS 12:1 RV60

Señor de los cielos, cuando pienso en todos los que
se han ido antes que yo, en la «gran nube de testigos»
que me animan mientras lucho para seguir en la carrera,
sé que podré lograrlo. Has fortalecido a muchísimas
almas para poder resistir lo que tú les has encomendado
desde el principio del tiempo, y seguirás haciéndolo
mucho después de que yo misma me haya unido a esta
nube. Tú eres mi resistencia. Es mi fe, mi inspiración,
mi creencia de que el cielo está observando, esperando,
celebrando mi carrera. Con una sección especial de
animadores, con un entrenador como tú, es imposible
fracasar. Gracias, Señor, por animarme a seguir.

**¿Cómo encuentras en Dios la capacidad para
soportar la carrera?**

Agosto

Oh Dios, a ti dirijo mi oración
porque sé que me responderás;
inclínate y escucha cuando oro.

SALMO 17:6 NTV

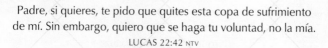

Dirígeme

Padre, si quieres, te pido que quites esta copa de sufrimiento de mí. Sin embargo, quiero que se haga tu voluntad, no la mía.
LUCAS 22:42 NTV

Señor, tú eres perfecto. Tus planes son siempre perfectos. Tu voluntad para mi vida es perfecta. No sé por qué me aferro con tanta fuerza a lo que yo quiero y por qué es tan difícil rendirse, pero me cuesta. Me aferro. Esta vida es lo que conozco; pienso que esto es en gran parte la dificultad a la que me enfrento. Tengo miedo de lo desconocido. Temo al dolor, a la decepción y al fracaso. ¡Pero tú no eres ninguna de estas cosas! Tú eres sanación, gozo y victoria. Lo sé: sé como eres. Ayúdame a recordar esto y ayúdame a rendirme. Muéstrame tu voluntad y guíame en ella, Padre. Haz que sea mi deseo más profundo.

¿A qué cosas te aferras que deberías rendir?

Toma este sufrimiento

Sáname, oh Señor, y seré sanado;
sálvame y seré salvo,
porque tú eres mi alabanza.
JEREMÍAS 17:14 LBLA

Sanador, ¡te necesito! Sé lo que puedes hacer; lo he leído y lo he visto. Hoy clamo a ti para que me sanes. Tú conoces mis necesidades, Padre. Lo que hay roto en mi corazón y en mi espíritu, esto por lo que estoy orando, no es nuevo para ti. Estás íntimamente implicado, esperando para interceder. Creo en ti, Señor. Sé que tú puedes tomar este sufrimiento en un instante; lo sé tan bien como conozco mi nombre. Sé que, si eliges esperar (incluso si es hasta que estemos reunidos), será por un buen motivo. Con atrevimiento te pido que, por favor, no esperes. Te pido que actúes ahora, hoy, y que me sanes.

¿Dónde necesitas el toque sanador de Jesús?

Con paciencia

Pero si esperamos lo que no vemos,
con paciencia lo aguardamos.
ROMANOS 8:25 RV60

Dios, tú, con tu paciencia inacabable, eres una maravilla. Ni uno de tus hijos te da la obediencia que mereces, pero tú jamás te cansas de tratarnos con cariño o de concedernos segundas oportunidades. Mi paciencia es cortísima comparada con la tuya, pero aun así, mis frustraciones son muchas menos. Señor, permite que esta verdad me inspire, que me sea de convicción. Necesito tu paciencia, Dios, mientras me esfuerzo en mejorar la mía propia. ¡Inúndame de una tolerancia sobrenatural, Señor! Recuérdame que las ofensas ante las que reacciono son muchísimo más pequeñas que el amor que siento y que recibo de ti. Gracias, Señor. Permite que el amor y la gratitud reinen en mi corazón.

¿Cómo permites que el amor y la gratitud reinen en tu corazón?

Lo suficientemente sabia

Dichoso el que resiste la tentación porque,
al salir aprobado, recibirá la corona de la vida que Dios
ha prometido a quienes lo aman.
SANTIAGO 1:12 NVI

Sabio Señor, no comprendo esta prueba. No la entiendo, pero seguro que tú sí. Si dirijo la vista hacia el pasado puedo ver cómo cada prueba, cada tentación (y el hecho de haberlas superado o no) me han dado forma, me han enseñado y han aumentado mi sabiduría. Confieso que algunos días tengo ganas de preguntarte si ya soy lo suficientemente sabia. Pero, por supuesto, sé la respuesta y confío en tu sabiduría por encima de todo lo demás. Abre mi corazón y mis labios y permíteme decir: «¡Gracias, Señor! Gracias por otra prueba». Me encanta aprender de ti y sobre ti. Recuérdame esto cuando olvide que las pruebas son una oportunidad para descansar en ti, para que extiendas tus brazos y me acerques a ti.

¿En tus pruebas, estás aprendiendo a descansar en el Señor?

Mis sueños

Deléitate asimismo en Jehová,
y él te concederá las peticiones de tu corazón.
SALMO 37:4 RV60

Maravilloso Dios, ¿por qué intento limitarte, lo que a su vez me limita a mí? Tengo muchos sueños, Padre. Son grandes, atrevidos y me asustan, así que intento hacer ver que no existen. Escucho a esa voz que me dice que estoy siendo egoísta, o a esa otra que dice que es imposible, pero entonces recuerdo quién eres tú. Y... ¿puedo confesarte una cosa? Eso es lo que más me asusta. ¿Qué hago si mi sueño más alocado es tan solo el inicio? ¿Seré capaz de gestionar la maravillosa y preciosa aventura que tienes preparada para mí, ese sueño que no quiere abandonar mi corazón? Dame la valentía para descubrirlo, mi querido Padre. Y después... haz que esos sueños se vuelvan realidad.

¿Qué sueños estás esperando que cumpla Dios?

Como yo amo

A los que están dispuestos a escuchar, les digo: ¡amen a sus enemigos! Hagan bien a quienes los odian. Bendigan a quienes los maldicen. Oren por aquellos que los lastiman.
LUCAS 6:27–28 NTV

Dios, incluso tú que eres el mismísimo amor tienes un enemigo, que también es mi enemigo. Y este enemigo actúa a través de cualquier persona que me provoca envidia, dudas, condenación o pensamientos de venganza. Ayúdame a responder como lo harías tú (y como lo haces tú): con los brazos abiertos. Cuando amo a los que me hieren, le quito poder al enemigo. Hago que se conviertan en mis amigos. Y si ellos no me devuelven este amor, pues mejor. Me da más motivos para orar, lo que a su vez me atrae más a ti. Bendigo a aquellos que me han hecho daño y te pido que toques sus vidas con tu tierno amor.

¿Hay alguien que te haya hecho daño y que necesite que Jesús toque su vida?

Sin motivo

Porque no nos ha dado Dios espíritu de cobardía,
sino de poder, de amor y de dominio propio.
2 TIMOTEO 1:7 RV60

Dios, tú eres mi protector, mi consolador, mi fuerza
y mi salvación. No tengo motivos para temer. Pero,
aun así, tengo miedo. Espero que el motivo por el
que hablaste tan a menudo del miedo es porque
sabías que sería uno de nuestros puntos más débiles.
Confieso que incluso ahora, orando, se me corta la
respiración por el temor. Perdóname por mi miedo,
Señor. Ayúdame a verlo como un pecado contra ti,
ya que has demostrado una y otra vez que puedo
depender de ti. Sé que eres más fuerte que todo
mi miedo; eres más fuerte incluso que la muerte.
Recuérdamelo, una y otra y otra vez. Dame tu poder,
tu amor y una mente sensata. Tú eres mi fuerza.
No tengo motivos para temer.

¿Crees que Dios es más fuerte que tu miedo?

Ayúdame

Jehová peleará por vosotros, y vosotros estaréis tranquilos.
ÉXODO 14:14 RV60

Señor, ¡necesito ayuda! Tanta que ni siquiera sé por dónde empezar ni qué pedir. La vida me tiene abrumada mientras intento trabajar, vivir y amar dentro de tu voluntad. Gracias, Padre, porque no tengo que saber por dónde empezar. Tú eres quien me defiende. Tú sabes exactamente qué necesito, cuándo lo necesito y cómo concedérmelo. Ayúdame a dejar de agitarme, de gritar, de luchar contra este peso y, simplemente, a quedarme quieta. Solo cuando me siente con calma ante ti (y acuda con todas mis cargas) podrás responder a mi petición de ayuda. Solo entonces oiré tu respuesta; solo entonces tú nos podrás elevar a ambos (a mí y a mi carga) y empezar a luchar en mi lugar.

¿Eres capaz de permanecer en silencio y permitir que Dios luche por ti?

Imperturbable

Al de firme propósito guardarás en perfecta paz,
porque en ti confía.
ISAÍAS 8:9 LBLA

Dios que lo ves, lo oyes y lo sabes todo, ¿cómo puede ser que tengas una paz perfecta? No lo puedo comprender. A los pocos minutos de despertarme, los enemigos de mi paz ya están golpeándome. El peso de la responsabilidad, los recuerdos de decepciones y una vaga sensación de pavor a veces se adueñan de mí antes de que mis pies toquen el suelo. Acude tú al encuentro de todo esto, Padre, con tu paz. Bendíceme con tu percepción, para que las responsabilidades se vuelvan privilegios, los recuerdos sean sabiduría ganada y el pavor se vea sustituido por una gozosa expectación. Hazme imperturbable, Dios. Este mundo irá a por mí hasta el día en el que muera, pero no tengo por qué permitir que me atrape. En vez de ello, buscaré y pediré tu paz.

¿Cómo puedes confiar en que Dios te calmará y te dará su paz?

Cada día más sabia

Sin embargo, la sabiduría que proviene del cielo es, ante todo, pura y también ama la paz; siempre es amable y dispuesta a ceder ante los demás. Está llena de compasión y del fruto de buenas acciones. No muestra favoritismo y siempre es sincera.

SANTIAGO 3:17 NTV

Sabio Padre, ayúdame a saber cuándo te estoy siguiendo y cuándo he acabado por alejarme yo sola. Cuando me desvíe (y ambos sabemos que eso va a pasar), hazme aprender y ser más sabia. Usa mis errores, mis tropiezos hacia el orgullo, la ambición egoísta o el descanso inmerecido para reforzar mi amor por el camino que tú has elegido. Tu camino es perfecto; si la oposición, la inquietud y el conformismo se alzan para enfrentarse a mí, recuérdame que estas cosas no vienen de ti. Cuando el camino sea bello, cuando tenga el corazón lleno, haz que me regocije en tu compañía. ¡Sé que estás ahí!

¿Dónde necesitas la sabiduría de Dios hoy?

Suficiente para hoy

Sobre todo, tomad el escudo de la fe, con que podáis
apagar todos los dardos de fuego del maligno.
EFESIOS 6:16 RV60

Dios fiel, siempre estás ahí para mí. Cuando mis circunstancias me lleven a dudar de tu constancia y ponga en entredicho tu plan, ¡auméntame la fe! Mientras lucho contra la situación en la que tú me has puesto, dame de nuevo más fe. Ayúdame a aceptar lo que no he pedido a través de esta convicción: que tú eres fiel y que mi fe está puesta en ti. Aunque tú ya lo sabes, lo confesaré: no quiero esta situación. Me está costando mucho aceptarla. ¿Puede ser suficiente para hoy que te acepte a ti? ¿Podrás empezar a trabajar a partir de aquí hasta que deje de resistirme y acepte la situación? Recuérdame que tú estás aquí, Padre. Al saber esto, hazme ver que aquí es donde tengo que estar.

¿Has tomado el escudo de la fe para ayudarte a resistir al maligno?

Un gozo ardiente

> [...] Id, comed grosuras, y bebed vino dulce,
> y enviad porciones a los que no tienen nada preparado;
> porque día santo es a nuestro Señor; no os entristezcáis,
> porque el gozo de Jehová es vuestra fuerza.
>
> NEHEMÍAS 8:10 RV60

Señor, qué bueno eres conmigo. Incluso en el día más oscuro, tu gozo arde dentro de mí. Esa llama me da fuerzas cuando las mías se acaban. Me permite regocijarme con los que se regocijan, incluso aunque yo esté llorando. Me permite dar y servir a otros, aunque yo esté en necesidad. Me da vida, Padre. ¡Cuánto te lo agradezco! Realmente no lo entiendo. ¿Cómo puedo sonreír cuando no hay motivos para ello? ¿Cómo puedo llevar esta carga, aunque no me queden ya fuerzas? No lo entiendo, pero sé que tus caminos son mucho más altos que los míos. ¡Aviva la llama, Señor! Haz que tu gozo me consuma y que se lleve todo aquello que acabaría por derrumbarme.

¿No te encantaría que el gozo del Señor te consumiera?

Todo

Me buscarán y me encontrarán
cuando me busquen de todo corazón.
JEREMÍAS 29:13 NVI

Maravilloso Dios, mientras pienso en el próximo capítulo de mi vida, mientras sueño y planifico un futuro que solo tú conoces, recuérdame cuál es la única cosa que necesito. Da igual lo que me depare el futuro: tu plan es perfecto. Tu amor nunca falla. Todo lo que busco está en ti. Toma todo mi corazón, Señor, y dame un futuro cierto. Cuando busque respuestas, señálame que acuda a ti. Cuando busque orientación, llévame a ti. Cuando busque propósito, dirígeme a ti. Recuérdame que todo lo que busco y todas las respuestas que ansío están en ti.

¿Estás buscando a Jesús con todo tu corazón?

Una humilde servidora

Si alguien te da una bofetada en una mejilla,
ofrécele también la otra mejilla. Si alguien te exige
el abrigo, ofrécele también la camisa.

LUCAS 6:29 NTV

Dios Padre, en la imagen de Jesús, hazme tu
humilde servidora. Tráeme a la mente su disposición
para sufrir por aquellos que le querían hacer daño,
su bondad para con los crueles, su incansable amor
hacia los detestables. Es mucho más fácil servir
a aquellos a los que considero «dignos», Señor.
Dame tus ojos para poder ver la dignidad de cada
persona. Quebranta mi corazón por aquellos que
quieren rompérmelo. Hazme ver el dolor que hace
que se comporten así y haz que esto me conmueva.
¡Haz que me olvide de mí misma, Dios! Permite que
mis pensamientos sobre mí disminuyan y haz que mi
corazón rebose amor para las personas destrozadas.

**¿Te ha dado Dios un corazón para las
personas abatidas?**

Un significado distante

Mas vosotros sois linaje escogido, real sacerdocio,
nación santa, pueblo adquirido por Dios, para que anunciéis
las virtudes de aquel que os llamó de las tinieblas
a su luz admirable [...].
1 PEDRO 2:9 rv60

Señor, todo lo que haces es a propósito, y todo lo que permites tiene un propósito. Mientras busco la gran intención que tienes para mi vida, aquello que solo yo puedo aportar a esta tierra, ayúdame a recordar que también hay un significado en el aquí y ahora. Sea cual sea el oscuro rincón en el que me encuentre, tú me has llamado a alumbrar con tu luz. Haz que me centre en lo que hay afuera, Padre. La oscuridad está en todos lados, pero disminuye en el momento en el que yo proyecto tu reflejo. Haz que mis ojos sigan en la luz, Dios, especialmente cuando el significado y el propósito de las cosas parecen distantes. Dale valor a mi espera haciendo que yo traiga luz a la habitación en la que espero.

¿El propósito y el significado de Dios para tu vida parecen distantes?

Una confianza como la tuya

Así que, ¡sean fuertes y valientes,
ustedes los que ponen su esperanza en el Señor!
SALMO 31:24 NTV

Precioso Señor, tu honradez no tiene igual. No puedes mentir. Eres el mismísimo amor. ¿Cómo puedo cuestionarte? ¿Qué lugar puede pretender ocupar el miedo en mi corazón? Pero, aun así, ahí está. Y aquí estoy yo, preguntándome: «Sí, sé que Dios puede hacerlo pero... ¿lo hará?». Por favor, aumenta mi confianza. Recuérdame que tú no eres de este mundo, que me falla una y otra vez. Recuérdame tu amor infalible y cuánto, cuánto te amo. ¡Quiero confiar en ti tanto como te amo, Señor! Quiero confiar en ti tanto como tú me amas a mí: sin límites, para siempre, hasta los confines de la tierra.

¿Puedes confiar en el Señor tanto como lo amas?

Con tu ayuda

Te haré entender, y te enseñaré el camino en que debes andar;
sobre ti fijaré mis ojos.
SALMO 32:8 RV60

Dios, tú eres el maestro perfecto, el jefe ideal, el padre definitivo. Yo no soy ninguna de estas cosas y noto la presión que eso tiene para mí. Tú me has dado una responsabilidad hacia otra persona, Señor, y no siempre tengo la sensación de estar a la altura de esta tarea. Dirígeme, enséñame, ámame a través de mis fallos. Tengo muchos defectos. ¿Cómo voy a ser yo una influencia? Necesito tanta gracia... ¿Cómo voy a concederla yo? Con tu ayuda. Con tu ayuda, sé que puedo hacer cualquier cosa. Puedo amar el comportamiento más odioso, perdonar la ofensa más imperdonable y aceptar las circunstancias más inaceptables. Solo con tu ayuda, Señor.

¿Cómo permites que el Señor te instruya y enseñe por dónde deberías ir?

La esperanza gana

También nos alegramos al enfrentar pruebas y dificultades porque sabemos que nos ayudan a desarrollar resistencia. Y la resistencia desarrolla firmeza de carácter, y el carácter fortalece nuestra esperanza segura de salvación.

ROMANOS 5:3-4 NTV

Señor, ¿puedo confesarte algo? Hay días en los que desearía que no tuvieras tanta fe en mí. Ojalá fuera una persona ordinaria, o incluso menos que ordinaria; ojalá hubieras terminado ya de formar mi carácter. Hay días en los que esta vida me va demasiado grande. Hay otros en los que no querría cambiar por nada del mundo este viaje alocado, complicado y con tantos altibajos a este lado de la eternidad. Veo la increíble bendición que conlleva este sufrimiento y me deleito en la intimidad de vivir una vida completamente dependiente de ti. Mis problemas me traen gozo cuando siento que aumenta mi paciencia. Mi paciencia me hace más fuerte. Sigue siendo difícil, dificilísimo, pero sé que la esperanza ganará.

¿Cómo ves que tus problemas producen gozo, paciencia, carácter y esperanza?

Descansa un momento

Pues todos los que han entrado en el descanso de Dios
han descansado de su trabajo, tal como Dios descansó
del suyo después de crear el mundo.

HEBREOS 4:10 NTV

Señor, estoy cansada. Estoy corriendo hacia
algunas cosas mientras huyo de otras; estoy
subiendo colinas mientras esquivo piedras que van
cayendo hacia mí. Necesito un respiro de las cosas
que me lanza este mundo y de las cosas con las
que yo misma me cargo. Algunos días ni siquiera
estoy segura de cuál es cuál. Voy a acudir a ti para
descansar un momento a tu lado. Tú das una fuerza
sobrenatural, tanto en el cuerpo como en el alma,
y eso es exactamente lo que necesito. Atráeme
a tu paz, Señor. Bajo tu protección, incluso si no
puedo parar completamente de esforzarme, sé que
encontraré descanso.

**¿Estás cansada? ¿Necesitas parar y encontrar
descanso en tu Padre celestial?**

Si me rindo

*Si perseveramos, también reinaremos con él;
si le negamos, él también nos negará.*
2 TIMOTEO 2:12 LBLA

Señor, tu amor permanece para siempre. Tu paciencia no tiene fin. Tus misericordias se renuevan constantemente. ¡Nunca te detienes, Dios! Es otro misterio más que todavía no puedo comprender. Se me acaba la paciencia, mi compasión tiene límites e incluso mi amor puede ser caprichoso. Cuando las cosas se ponen difíciles, quiero rendirme. Recuérdame, Señor, por qué es importante que siga adelante. ¡Haz que se me quede grabado que la única forma de estar con aquel que nunca se detiene jamás es no deteniéndome jamás! Si me rindo, aquí es donde me quedaré. Si persevero, llegaré al final. Y, si llego al final, estaré ahí contigo.

¿Estás a punto de tirar la toalla o eres capaz de llegar al final con la ayuda de Dios?

Deja de aferrarte

Tiempo de buscar, y tiempo de perder;
tiempo de guardar, y tiempo de desechar.
ECLESIASTÉS 3:6 RV60

Dios, todo lo que hay en los cielos y en la tierra es tuyo. Esto me incluye a mí y a todas las personas y cosas que me has confiado para que cuide. Acabo encariñándome y considerando que son míos. ¡Y esto me pasa especialmente con aquellos que me has dado para que los ame, Señor! Los amo tanto... Y ese amor me ha dado sentido. Y ahora ha llegado el momento de algo nuevo para ambos. ¡Ayúdame a dejar de aferrarme a esta persona, Padre! Ayúdame a pasar a la siguiente estación de mi amor por ella, la siguiente estación de sentido de mi vida. Sé que ha llegado el momento. Afloja los brazos con los que tan fuertemente rodeo a esta persona y elévalos a ti. Ayúdame a devolverte lo que siempre ha sido tuyo y a darle la bienvenida a lo que viene a continuación.

¿Estás preparada para dejar de aferrarte a lo que tienes y darle la bienvenida a lo que Dios tiene preparado para ti?

Mi consolador

Pónganse mi yugo. Déjenme enseñarles,
porque yo soy humilde y tierno de corazón,
y encontrarán descanso para el alma.
MATEO 11:29 NTV

Jesús, con solo decir tu nombre, mi corazón desbocado se calma. Recordar todo lo que eres y todo lo que has hecho trae consuelo a mi alma. Y hoy lo necesito, Señor. Tu presencia, tu ternura, tu tranquilo ejemplo de una vida en paz: el consuelo de tu amor restaura mi esperanza. ¿Cómo puedo empezar a agradecerte el descanso que tú me das? ¿Qué te puedo dar yo? Tú eres mi consolador, Jesús. Tus manos desinteresadas me enjuagan cada lágrima de ansiedad. Tus fuertes brazos levantan mis cargas y las sustituyen con la fácil tarea de amarte.

¿Qué cargas tienes que deberías entregarle a Jesús?

Tu fidelidad

No olvidaré mi pacto,
ni mudaré lo que ha salido de mis labios.
SALMO 89:34 RV60

Señor, ¡cuán fiel eres! Nunca has roto ni una sola promesa; cumples con cada uno de tus compromisos. Ojalá yo pudiera decir lo mismo. Cada vez que no cumplo mi palabra tengo la sensación de que también te he deshonrado a ti. Quiero reflejar tu fidelidad, Señor; ser completamente íntegra. El egoísmo me dice que no pasa nada por romper una promesa; la vagancia me dice que me merezco un descanso en medio de tanto esfuerzo. Ahoga estas voces, Padre, con recordatorios de tu inquebrantable lealtad. Fórmame a tu imagen: fiel y sincera. Lléname del deseo de cumplir con cada una de las promesas que he hecho en tu nombre. Crea un corazón íntegro y fiable en mí, para que mi palabra sea intachable.

¿Sabes que el Señor te puede ayudar a cumplir con lo que dices?

Un trozo de cielo

Cuán grande es tu bondad,
que atesoras para los que te temen,
y que a la vista de la gente derramas
sobre los que en ti se refugian.

SALMO 31:19 NVI

Maravilloso Dios, la mayoría de las cosas que sé de tu bondad las he aprendido de las personas que te aman. El altruismo de un corazón que se rinde a ti es la cosa más preciosa que he presenciado, y es solo un destello de las muchas formas en las que eres bueno. Esto me fascina: ¿cómo puedes contenerlo todo? ¿Y qué más puede haber siquiera? Generosidad, humildad, sacrificio, sabiduría, paciencia. Estas son las cosas que tus hijos sacan a relucir y ¡cuán agradecida te estoy por ellas! También me inspira a ser más como tú cuando veo el amor incondicional de mis hermanos y hermanas en la iglesia. Gracias por darme un trocito del cielo en esta tierra a través de ellos.

¿Qué personas conoces que te hayan mostrado la bondad y el amor de Dios?

Protege mi corazón

No se dejen engañar por los que dicen semejantes cosas, porque «las malas compañías corrompen el buen carácter».
1 CORINTIOS 15:33 NTV

Señor, tu influencia lleva a la vida. En ti solo hay bondad y eso es todo lo que quiero en mí. A veces siento que, cuanto más deseo ser buena, más me tienta el enemigo para hacer el mal: trae a personas a mi vida que me dicen que un chismorreo por aquí o un cotilleo por allá nunca le han hecho daño a nadie, o que un pequeño capricho no es nada grave. Protege mi corazón, Dios, de cualquier persona que me pueda persuadir de ir en contra de tu voluntad. Dame sensibilidad para ser consciente de las personas que me tientan a ser indulgente; hazme ver que no están de mi parte. Rodéame de aquellas personas que te reflejan para que yo pueda hacer lo mismo.

¿Te está pidiendo Dios que te alejes de algunos de tus amigos?

Un camino preparado

Sin consulta, los planes se frustran,
pero con muchos consejeros, triunfan.
PROVERBIOS 15:22 LBLA

Señor, tú eres el sabio consejero. Tú sabes el camino que todos debemos tomar, ya que es el que tú mismo has diseñado. Quiero dar buenos consejo, Dios, especialmente cuando mis personas queridas están haciendo planes para sus vidas. Quiero enviarlos por el camino que tú has preparado, no por el que el enemigo ha diseñado para distraerles. Hazme estar en sintonía con tu voluntad, Señor. Pon tu sabiduría en mí. Dame oídos para la oír la verdad y ojos para ver cualquier desvío de ella. Inspira sus sueños y mis consejos, y haz que ambas cosas estén en la misma línea que tu plan perfecto. Protégelos en su avance y recompensa sus planes con tus triunfos.

¿A qué personas ha puesto Dios en tu vida para que les des consejos? ¿Estás dirigiéndolas a él?

Palabras de vida

Mas yo os digo que de toda palabra ociosa que hablen
los hombres, de ella darán cuenta en el día del juicio.
Porque por tus palabras serás justificado,
y por tus palabras serás condenado.
MATEO 12:36–37 RV60

Señor, tus palabras son preciosas y dan vida e
inspiración. Ojalá todas las mías fueran iguales. Cuando
pienso en todas las veces en las que he dicho algo de lo que
me he arrepentido o que, incluso peor, cuando ni siquiera
me ha sabido mal hacer daño a otros con mis palabras,
es entonces cuando sé que necesito tu perdón. ¿Y qué
decir ya de las palabras poco cuidadosas, aquellas de las
que ni siquiera me acuerdo pero que han causado un daño
que no puedo reparar? Tú puedes hacer lo imposible y te
ruego que lo hagas. Sana los corazones que he herido con
mis palabras, incluido el mío. Cuando por mi boca intenten
salir críticas o malevolencia, haz que se me atraganten.
Después, lléname de palabras vivificantes y de un deseo de
compartir esas palabras con otros.

¿Vas con cuidado de decir solo palabras vivificantes?

Tendrá sentido

Él sana a los de corazón quebrantado
y les venda las heridas.
SALMO 147:3 NTV

Señor, mi sanador, acércate y arregla lo que está roto en mí. Soy frágil y mis heridas me han dejado algo asustada, incluso de ti. No puedo evitar cuestionar los motivos por los que me has permitido sufrir tanto. Todavía tengo suficiente fe como para clamar a ti, pero no queda casi nada más. Dios, ¡gracias por permitirme esta sinceridad! Sé que eres bueno y sé que incluso esto tendrá sentido para mí algún día, pero hoy sufro, y me siento dolida, y no lo entiendo para nada. Y a ti te parece bien que yo diga esto. Ahora, siendo consciente de esto, es cuando empieza mi sanación. Acércate más, Dios, y arréglame más.

**Si estás sufriendo y pasando dolor,
¿sabes que Dios puede darte sanación?**

Sabias palabras

Amados, no creáis a todo espíritu,
sino probad los espíritus si son de Dios;
porque muchos falsos profetas han salido por el mundo.

1 JUAN 4:1 RV60

Dios, ¡nada se compara a la emoción que me produce oírte! Ansío encontrar a tu Espíritu; los momentos en los que siento tu mano en mi vida son lo mejor que puede haber. Sé que hay quienes querrían aprovecharse de que yo sea tan abierta; tu Espíritu no es el único que hay en este mundo. Así que concédeme discernimiento, Señor, y dame oídos para oír la verdad. Recuérdame que no debo buscar la emoción de lo sobrenatural, sino la emoción de encontrarte a ti. Especialmente cuando alguien me diga exactamente lo que quiero oír, hazme preguntarme si esto es algo que tú dirías. Hazme sabia a tus palabras, Dios, y hazme alejarme de todas las voces que intentan competir con ellas.

¿Pones a prueba lo que oyes para asegurarte de que proviene de Dios?

Para bien

Ahora bien, sabemos que Dios dispone todas las cosas
para el bien de quienes lo aman, los que han sido llamados
de acuerdo con su propósito.

ROMANOS 8:28 NVI

Dios, incluso cuando he perdido la esperanza en mis circunstancias y no tengo fe en mi situación, gracias porque siempre puedo confiar en tu propósito. Incluso ante las tragedias, tú encuentras la forma de que aparezca la belleza. Sé que a veces dudo de esto y me dejo arrastrar por el dolor del momento. Gracias por no dejarme quedarme ahí. Señor, necesito que me recuerdes de nuevo que tu propósito prevalecerá. Lo creo, lo sé; pero hoy necesito también sentirlo. Tan solo un destello de lo bueno que hay por venir, un vistazo a la belleza futura es lo único que necesito para que mi esperanza se vea restaurada.

**¿Crees que Dios dispone todas las cosas
para el bien de quienes lo aman?**

Mi intercesor

Y de la misma manera, también el Espíritu nos ayuda
en nuestra debilidad; porque no sabemos orar como
debiéramos, pero el Espíritu mismo intercede por nosotros
con gemidos indecibles.

ROMANOS 8:26 LBLA

Señor, ¡cuán agradecida te estoy por tu Espíritu
Santo! La amistad, la ayuda, el poder y los dones
ya serían algo increíble en sí mismos, y en él se
encuentran todos ellos. Y entonces, en los días en
los que estoy demasiado rota para siquiera pedirte
ayuda, él se convierte en mi intercesor. Cuando no
sé qué decir, cuando solo puedo soltar gemidos
y sollozos, él lo traduce por mí y te explica cómo
sanarme. ¡Cuán profundamente nos amas, Señor,
como para darnos un amigo tan íntimo! Y en cuanto
soy consciente de ello, te amo todavía más.

**¿Eres consciente de cuán profundamente te ama Dios
y de que quiere ser tu amigo íntimo?**

Septiembre

Velen y oren para que no cedan
ante la tentación, porque el espíritu
está dispuesto, pero el cuerpo es débil.

Mateo 26:41 ntv

Esperanza en la luz

He aquí que yo hago cosa nueva;
pronto saldrá a luz; ¿no la conoceréis?
Otra vez abriré camino en el desierto,
y ríos en la soledad.
ISAÍAS 43:19 RV60

Dios, te doy las gracias porque eres el Dios de la renovación. El amanecer y el atardecer me recuerdan tu constante invención y renovación de mi vida. Puede que me vaya a dormir llena de frustración y dolor, pero al llegar la mañana mis ojos se abren ante la posibilidad y los primeros pasos de sanación. Lo que puede parecer desesperación en la oscuridad acaba mostrándose como esperanza en la luz. Gracias, Dios, por lo nuevo. Gracias por el perdón y por poder empezar de nuevo, por tus misericordias que se renuevan al amanecer. Y gracias a ti especialmente por lo que haces nuevo en mí. Con cada mañana mi fe se ve reforzada y mi esperanza, renovada.

¿Puedes percibir que Dios está haciendo algo nuevo en ti?

Lo suficientemente valiente

Los labios mentirosos son abominación a Jehová;
pero los que hacen verdad son su contentamiento.
PROVERBIOS 12:22 rv60

Señor, en ti no hay engaño. Nunca intentas confundirme o mentirme, y tu único enemigo de verdad es el padre de las mentiras. Así que ¿por qué, aunque afirmo que te sigo, todavía miento? Odio las mentiras, especialmente tras experimentar el gozo de la transparencia ante ti, pero aun así las digo constantemente. Lo justifico: puede que la verdad los hiera o que me hiera a mí; puede que la verdad no sea lo suficientemente interesante así que la voy a decorar solo un poquito. No le hago daño a nadie. Aunque, en realidad, sí. Así daño mi reputación, tanto aquí como contigo. Me duele a mí y te duele a ti. Perdona mis mentiras, Padre, y hazme lo suficientemente valiente como para decir la verdad. Incluso aunque pueda doler, recuérdame que las mentiras duelen más.

¿Eres lo suficientemente valiente como para decir la verdad?

grandes cosas

Dios [...] usa [la Escritura] para preparar y capacitar
a su pueblo para que haga toda buena obra.
2 TIMOTEO 3:17 NTV

Dios, sé que no me necesitas, pero te quiero rogar que me uses. Quiero conseguir grandes cosas en tu nombre, ya sea para un puñado de gente o para miles, o incluso millones. Estoy tan agradecida por lo que has hecho en mi vida y tan emocionada por el propósito que me has dado que quiero servirte y darte la gloria a ti. Prepárame y equípame, Señor. Pon tu Palabra en mi corazón y fortaléceme con la capacidad de reflexionar sobre tu bondad. Da igual lo grande o lo pequeña que sea la tarea que me encomiendes: haz que mi vida sea de servicio y que te dé la gloria que mereces.

¿Cómo quieres que te use Dios?

El camino correcto

El corazón del hombre piensa su camino;
mas Jehová endereza sus pasos.
PROVERBIOS 16:9 RV60

Dios, lo tenía todo planeado. Te pedí que me dieras tu bendición y me puse en marcha. Pero, aun así, no me salí con la mía. Las cosas no salieron como yo esperaba; el lugar en el que acabé no era el que yo había planeado. ¿Significa eso que tú no respondiste o, precisamente, que sí? Sé que tú sabes mejor que yo lo que me conviene, Padre, así que si te pido tu bendición y no respondes como yo espero, lo que me queda es creer que esa es tu bendición. Me cuesta recordar esto en medio de mi decepción y puede que incluso haya llegado a dudar de tu atención hacia mí. Gracias por perdonarme, Señor, y por ponerme en el camino correcto, te lo haya pedido o no.

¿Sientes que estás en el camino de Dios para tu vida?

Una cosa

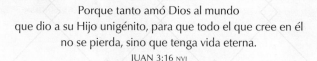

Porque tanto amó Dios al mundo
que dio a su Hijo unigénito, para que todo el que cree en él
no se pierda, sino que tenga vida eterna.
JUAN 3:16 NVI

Dios, te ruego que nunca deje de maravillarme ante la preciosa verdad de Juan 3:16. Haz que siempre me quede asombrada por el sacrificio que hiciste de tu Hijo perfecto, tu amadísimo, por mí. Pienso en la persona a la que más amo en este mundo, en cuánto duele verla sufrir aunque sea un poquito, y la magnitud del sacrificio de Jesús y la profundidad de tu amor me abruman. Me lo has puesto tan fácil, Padre. Solo hay una cosa que tú me pides: que crea. ¿Cómo puede ser ese el único precio? ¡Es demasiado bueno; eres demasiado bueno! Y ¿cómo voy a quedarme callada ante todo esto? No puedo. Y no lo haré. Te alabo, Señor, por todo lo que has hecho.

¿No es maravilloso que Jesús muriera para darte vida eterna?

El único hogar

No os olvidéis de la hospitalidad, porque por ella algunos,
sin saberlo, hospedaron ángeles.
HEBREOS 13:2 RV60

Señor, tú eres el anfitrión definitivo: preparas una habitación en tu hogar para todo el que acude a ti. No hay desconocidos, mendigos ni marginación donde tú estás: solo hay un hogar. Dios, ¡cuán corta me quedo a la hora de imitarte en este aspecto! Solo abro mi casa a los demás cuando me es cómodo y está bien limpia. Y solo abro mi corazón casi en las mismas circunstancias. ¿Qué oportunidades me habré perdido, Señor? ¿Cuántos ángeles me habrás enviado para que los hospedara y yo los he ignorado sin pensármelo dos veces? Aumenta mi hospitalidad, Padre, en mi hogar y en mi corazón, para que yo pueda bendecir y ser bendecida a cambio. Envía a tus ángeles, Señor, y haz que les dé la bienvenida a mi hogar.

¿A que sería maravilloso descubrir que has acogido a ángeles con tu hospitalidad?

Solo amor

Ámense unos a otros con un afecto genuino
y deléitense al honrarse mutuamente.
ROMANOS 12:10 NTV

Señor, parece que cada día brotan en mí nuevos prejuicios o que uno antiguo resurge con fuerza y me hace despreciar las maravillosas y múltiples diferencias con las que nos has creado. Me es casi inimaginable pensar en lo mucho que te duele el corazón cuando uno de tus hijos ataca a otra persona. Tú los amas a ambos y me pides que yo haga lo mismo. Ninguno de ellos se ha alejado tanto como para perder tu perdón; si así fuera, ¿qué esperanza quedaría para mí? Graba esto en mi corazón. No hay política en el cielo, solo amor. Ayúdame a recordarlo. No hay odio en el cielo, solo amor. Nunca me permitas olvidarlo.

¿Amas a los demás con afecto sincero y te gusta honrarlos?

Más como tú

Estando persuadido de esto, que el que comenzó en vosotros
la buena obra, la perfeccionará hasta el día de Jesucristo.
FILIPENSES 1:6 RV60

Señor que creas y completas mi fe, te ruego que seas también quien cree y complete mi vida. Me alegra muchísimo pensar que tú terminas lo que empiezas porque, aunque veo cambios, ansío ser transformada por el poder de tu amor en mí. Cada vez que me veo a mí misma respondiendo de una forma nueva, una forma que es más como tú, Jesús, me regocijo. Fórmame a tu imagen, Señor, hasta que mi transformación sea completa. No dejes de seguir trabajando en mi corazón hasta que todo rastro de dureza y cada pensamiento egoísta hayan desaparecido. Sigue sustituyendo mis pensamientos hasta que solo quede el amor. Quiero quedar completamente irreconocible y ser únicamente solo un reflejo de ti.

¿Ansías ser transformada por Jesús?

Adversidad

Y él me ha dicho: «Te basta mi gracia,
pues mi poder se perfecciona en la debilidad». Por tanto,
muy gustosamente me gloriaré más bien en mis debilidades,
para que el poder de Cristo more en mí.

2 CORINTIOS 12:9 LBLA

Dios, me encanta cómo les das completamente un vuelco a las cosas en tu reino. Ver la debilidad como fuerza y la adversidad como bendición es un concepto que no podría llegar a concebir si no fuera por tu obra en mi vida. Incluso ahora hay días en los que no lo veo, ya sea por mi tozudez o por mi falta de comprensión; no lo sé. Lo que sí que puedo decir es que lo he notado. Cuando estoy más débil, siento que tu fuerza aumenta de repente en mí y me permite seguir luchando mucho más de lo que me permitiría mi propia resistencia. Cuando estoy más vacía es cuando acudes a llenarme. Cuando estoy en mi punto más bajo, siento que tu gracia me levanta y permite que los demás puedan ver su poder de salvación.

¿Necesitas que la fuerza de Dios aumente de repente en ti?

El amor nunca se acaba

Mil años, para ti,
son como el día de ayer, que ya pasó;
son como unas cuantas horas de la noche.
SALMO 90:4 NVI

Señor, comprender todo lo que tú has visto, todo lo que has oído, todo lo que has hecho y pensar que lo recuerdas todo... ¡Es demasiado! Tu sabiduría es infinita. Tu amor es eterno. He visto cómo las personas de mi vida crecen y cambian, y digo que los he querido «desde siempre», pero tú observas y amas a toda la humanidad durante toda nuestra vida. Y eso sí que es desde siempre. Cuando caigo en la cuenta de que estaré ahí contigo, donde el amor no termina y donde no existe el tiempo, me maravillo. Tengo el privilegio de pasar toda una eternidad contigo: tú lo has diseñado así. ¡He sido hecha para ti, así que la eternidad ha sido hecha para mí! Qué bonito es esto, Señor. Qué emocionante. Estoy impaciente por estar contigo y amarte para siempre.

¿Te embarga la maravilla al saber que pasarás una eternidad con Jesús?

Las mismas manos

Me diste asimismo el escudo de tu salvación,
y tu benignidad me ha engrandecido.
2 SAMUEL 22:36 RV60

Poderoso Dios, lleno de poder imparable, tu ternura hacia tus hijos es maravillosa. Con un soplo podrías aniquilarlos, pero prefieres usar tu aliento para hacernos llegar palabras de amor y la promesa de tu sanación. Nunca pierdes la paciencia con nosotros y nos das todas las oportunidades necesarias para enmendar nuestros errores y volver a ti. Gracias, Señor, por ser tan tierno conmigo. Las manos que han creado la tierra y que podrían destruirla con la misma facilidad son las mismas que me abrazan cuando tengo miedo o estoy triste o dolida. La voz que habló para crear el universo es la misma que me susurra al oído: «Te amo, mi hija querida. Estoy contigo, siempre».

¿No es maravilloso que tu poderoso Dios te susurre al oído que te ama?

No hay palabras

Y durante siete días y siete noches se sentaron en el suelo para hacerle compañía. Ninguno de ellos se atrevía a decirle nada, pues veían cuán grande era su sufrimiento.

JOB 2:13 NVI

Señor, qué fácil es alabarte y estarte agradecida cuando nos das cosas; qué fácil saber qué decirle a alguien que está de celebración. Pero en momentos de pérdida, las palabras no surgen con tanta facilidad. Quiero ser de consuelo y compartir tu amor, pero ¿cómo voy a hablar cuando no hay palabras? Recuérdame, Señor, que para ofrecer consuelo a alguien no siempre tengo que hablarles para calmar su dolor. No necesito palabras que expliquen, justifiquen o minimicen su pérdida; necesito brazos que los abracen y un corazón que se rompa con el suyo. Ayúdame a consolarlos como tú lo harías, Señor: sin palabras, repleta de amor.

¿Hay alguien que necesite que te limites a sentarte con él y lo ames?

Cuando llegue la gloria

¡Pero gracias a Dios! Él nos da la victoria sobre el pecado
y la muerte por medio de nuestro Señor Jesucristo.
1 CORINTIOS 15:57 NTV

Dios, tú siempre serás victorioso. Independientemente
de cómo pueda yo percibir las cosas, tú llevas las
de ganar. El amor lleva las de ganar. Cada vez que
salgo victoriosa, te puedo dar las gracias a ti. ¡Que
jamás se me olvide esto! Si triunfo, será porque es tu
voluntad. Si fallo, será parte de tu plan. Tú me estás
preparando para las victorias que están por venir.
Pero siempre eres tú; jamás soy yo sola la que gana.
¡Protege mi corazón a medida que cosecho triunfos!
Dame el botín de la victoria en Cristo: gratitud, humildad
y alabanza. Cuando la gloria salga a mi encuentro, haz
que mi rostro sea un reflejo directo del cielo. Tuya es la
victoria, a ti sea toda la gloria.

**¿Cuándo fue la última vez que le diste gracias a Dios
por la victoria en tu vida?**

Acércalos

Llevad los unos las cargas de los otros,
y cumplid así la ley de Cristo.
GÁLATAS 6:2 LBLA

Padre, desde el inicio tú querías que hubiera una relación. Estamos hechos para vivir juntos y contigo. Tú deseas tener intimidad con nosotros y nos inspiras para que la tengamos entre nosotros. Pero a veces me siento aislada, Señor. A veces es mi propia culpa: me encierro en mí misma, me centro en mi trabajo y responsabilidades, me lamo las heridas y hago ver que con eso ya es suficiente. Otras veces los demás me dejan a un lado o se olvidan de mí. Ninguna de estas cosas son tu intención. He sido creada para llevar las cargas de mis hermanos y hermanas, y ellos para llevar la mía. Acércalos y hazme lo suficientemente fuerte como para dejarles entrar y poder cumplir tu ley de amor.

¿Tienes a alguien que te ayuda a llevar tus cargas?

Tú eres Abba

El que detiene el castigo, a su hijo aborrece;
mas el que lo ama, desde temprano lo corrige.
PROVERBIOS 13:24 RV60

Padre, igual que jamás hubiera imaginado que les daría las gracias a mis padres terrenales por disciplinarme, tampoco me hubiera imaginado que acudiría a ti con gratitud por tu disciplina. Me gusta pensar en ti como Abba, mi papá que me abraza y me concede bendiciones. Pero también eres Padre y, como cualquier buen padre, a veces tienes que administrar corrección. Gracias, Señor, por castigarme, por imponerme restricciones, por las veces en las que me has dicho que no. Me estás haciendo mejor y más fuerte, y me estás protegiendo. Igual que jamás permitiría que mis hijos hicieran o tuvieran cualquier cosa que les apeteciera, tú también evitas concederme las cosas que no me harán bien. Tú me amas y, por eso, siempre me haces bien.

¿Alguna vez le has dado gracias al Señor por disciplinarte?

Acceso a la sabiduría

Clama a mí, y yo te responderé, y te enseñaré cosas grandes
y ocultas que tú no conoces.
JEREMÍAS 33:3 rv60

Sabio Señor, tú contienes todo el conocimiento y la comprensión que hay y que siempre habrá. Y, como hija tuya, tengo acceso a tu sabiduría. Me invitas a escucharte, a estudiar tus movimientos, a estar en tu presencia. Qué maravilloso. Y qué incomprensible es que tan a menudo no me aproveche de esta increíble bendición. Descanso en las ideas de mortales o, lo que es peor, en las mías propias. No tires la toalla conmigo, Dios. Sigue recordándome que puedo pedirte tu sabiduría y que tú me la concederás, que tú tienes todas las respuestas y que has inventado todas las soluciones. Sigue llamándome. Quiero conocer tus cosas grandes y ocultas.

**¿Te ha mostrado el Señor alguna cosa grande
y oculta?**

Solo tú

¡Nadie es santo como el Señor!
Aparte de ti, no hay nadie;
no hay Roca como nuestro Dios.
1 SAMUEL 2:2 NTV

Santo, santo, santo Dios, no hay nadie como tú. Nada ni nadie es digno de esta palabra. Eres perfecto, completo, puro. Perdóname por la despreocupación con la que suelto las palabras que te describen, como si algo más aquí pudiera comparársete. Maravilloso solo eres tú; una comida deliciosa jamás podrá llegar a serlo. Eres increíble; un músico con talento no es más que eso. Eres invencible; nuestro gobierno y nuestras defensas están bajo tu protección. Pero tú, solo tú eres santo.

¿Te has tomado el tiempo necesario para meditar en la santidad de Dios?

Cada oportunidad

Jesús le dijo: «Yo soy el camino, y la verdad, y la vida;
nadie viene al Padre, sino por mí».
JUAN 14:6 RV60

Señor, Padre de la oportunidad, toda cosa buena de mi vida viene de ti. Oro por la sabiduría de reconocer las buenas cosas y la valentía para huir de las oportunidades que son atractivas pero que acabarán por alejarme de la vida que tú has elegido para mí. Cada oportunidad digna de aprovechar viene de ti; cada resultado de éxito ha sido preparado por ti antes de mi nacimiento. Perdóname por abalanzarme sobre cualquier novedad antes de discernir si la oportunidad ha sido divinamente preparada para mí. Recuérdame que me pregunte a mí misma: ¿me acercará esto más a Dios? ¿Está esto alineado con mi propósito? Y si la respuesta es que no, dame fuerzas para dejarlo atrás. Tú eres el camino que elijo seguir.

**¿Has aprovechado alguna oportunidad
de Dios últimamente?**

Deléitate en la debilidad

Por eso me regocijo en debilidades, insultos, privaciones,
persecuciones y dificultades que sufro por Cristo; porque,
cuando soy débil, entonces soy fuerte.
2 CORINTHIANS 12:10 NIV

Maravilloso Dios, cuando estoy en mi peor momento es cuando tú más brillas. Cuanto más me hundo, más me elevas... Eso sí, si recuerdo tomar tu mano. Gracias, Señor, por no soltarme nunca. Tarde lo que tarde, me hunda lo que me hunda, ahí estarás tú con tu fuerza infinita para arrancarme de mi debilidad. No me permites acomodarme demasiado aquí abajo, especialmente cuando empiezo a pensar que el fondo de este agujero es mi hogar. Si es un agujero de pecado, tú ofreces perdón; si es enfermedad, tú ofreces sanación; si es persecución y dificultad, tú ofreces rescate. ¡Cuán fiel eres, Dios! Te doy toda la gloria.

¿Necesitas que Dios te rescate de algo?

Todo el honor

> Así que, sea que coman o beban o cualquier otra cosa que hagan, háganlo todo para la gloria de Dios.
> 1 CORINTIOS 10:31 NTV

Dios, ¿cómo puedes llevar el control de todos nosotros, de nuestras ajetreadas idas y venidas? A duras penas puedo yo tener controlada mi propia agenda. Y, si te soy sincera, a veces ni eso. Me cargo con más de lo que puedo llevar porque me gusta estar ocupada, especialmente cuando trabajo para honrarte a ti. Y ya que estamos hablando con el corazón en la mano, también debo reconocer que me gusta el reconocimiento de los demás cuando soy capaz de llevar tantas cosas en equilibrio. Y entonces es cuando se me escapa alguna. Cae al suelo y, mientras intento a duras penas mantener las demás en el aire, me tengo que preguntar a mí misma: ¿estoy honrando a Dios ahora mismo o me estoy honrando a mí misma? Que la respuesta seas siempre tú, Señor. Y haz que todo mi esfuerzo sea para glorificarte.

¿Tu esfuerzo es para honrar a Dios o para honrarte a ti?

Solo nosotros

La fe que tú tienes, tenla conforme a tu propia convicción
delante de Dios. Dichoso el que no se condena
a sí mismo en lo que aprueba.
ROMANOS 14:22 LBLA

Precioso e inmaculado Señor, el día que me mostraste la profundidad de mi pecado y mi necesidad de tu salvación fue el día menos complicado de mi vida. Estábamos solo nosotros, tú y yo, y tú me hiciste consciente de mis pecados y me convenciste de tu completo perdón. Y entonces el mundo entró en el juego. Todo el mundo tiene una opinión, Señor. Pero yo no quiero que el mundo me convenza, ni la iglesia, ni aquellos que han vivido y leído más que yo; ni siquiera mis amigos más cercanos. Quiero la convicción que tú me das, como me diste al principio, dentro de mi propio corazón. Recuérdame de nuevo mi fe total en ti, mi dependencia total de ti y las cosas que tengo que dejar a tus pies.

¿Tienes una fe y dependencia totales en Dios?

Poderosa presencia

Me mostrarás la senda de la vida;
en tu presencia hay plenitud de gozo;
delicias a tu diestra para siempre.
SALMO 16:11 rv60

Precioso Dios, tú estás aquí. Incluso cuando no te puedo sentir, aquí estás. Gracias, Señor, por tu poderosa presencia. Vivo por aquellos momentos en los que puedo sentir tu Espíritu, cuando siento tu amor rodeándome y tu poder dentro de mí. Ahí es cuando me siento más poderosa y experimento el mayor gozo. ¿Cómo puede ser que me hayas considerado digna de estar tan cerca de ti? ¿Qué puedo hacer yo para realmente merecer tal honor? Gracias, gracias, Señor, por tu cercanía. Tú no me abandonas, diga lo que diga, haga lo que haga. Tu gozo está siempre delante de mí. Por favor, Señor, permíteme sentirlo hoy.

¿Cómo estás experimentando la plenitud del gozo de Dios en tu vida?

Una vida de integridad

Al que no conoció pecado, por nosotros lo hizo pecado,
para que nosotros fuésemos hechos justicia de Dios en él.
2 CORINTIOS 5:21 RV60

Señor Jesús, gracias por mostrarme lo que significa vivir una vida de integridad. En cada situación puedo mirarte para encontrar un modelo de cómo vivir rectamente. Lo que veo en tu ejemplo es paz en vez de pánico, perdón en vez de condenación y amor en vez de odio. En cada interacción veo ese amor. Señor, tú mantienes tus promesas. Tu paciencia es una fuente inagotable. Tu fe y tu fidelidad son inquebrantables. Tú eres perfecto, completo, entero. En mi intento de vivir una vida llena de integridad, estas son las cosas que buscaré.

¿Cómo puedes buscar tener la rectitud de Dios?

Lo que haría yo

Si el mundo los odia,
recuerden que a mí me odió primero.
JUAN 15:18 NTV

Dios, si pienso en la persecución a la que se enfrentó Jesús, no me entra en la cabeza. ¿Cómo puede ser que un mensaje tan bello y puro, un mensaje de amor y perdón para todos, fuera recibido con tal odio y temor? Señor, ¿cómo habría reaccionado ante ti si te hubiera conocido cara a cara? ¿Te habría amado y seguido o me habría dejado arrastrar por la oleada de miedo y sospecha? Quiero creer que te hubiera seguido hasta la cruz pero, desde mi posición de seguridad, libertad y comodidad, solo puedo desear que esto hubiera sido así. Jesús, ¡hazme ser la valiente seguidora que ansío ser!

¿Jesús te ha convertido en una intrépida seguidora de él?

Un impacto mayor

Encomienda a Jehová tus obras,
y tus pensamientos serán afirmados.
PROVERBIOS 16:3 RV60

Señor, todo lo que haces es importante. En toda la eternidad jamás has hecho un movimiento sin propósito o has tomado una decisión sin pensar. Y yo normalmente consigo hacer ambas cosas antes de que haya pasado medio día. Señor, quiero estar concentrada y actuar con deliberación e intencionalidad, como tú, con todo lo que tú me has encomendado. Ayúdame, Dios, mientras me esfuerzo por hacer que cada día sea relevante. A medida que vaya demostrando que puedes confiar en mí, te pido que cada vez me encomiendes tareas más y más significativas con un impacto cada vez mayor. Mientras planifico mi vida, te pido que me inspires para plantearme mi propósito en tu reino. Y cuando me deje llevar por la despreocupación, te pido que me guíes suavemente de vuelta a la intencionalidad.

¿Estás concentrada y actúas con dedicación e intencionalidad?

La fuente

Toda la alabanza sea para Dios, el Padre de nuestro Señor
Jesucristo. Dios es nuestro Padre misericordioso
y la fuente de todo consuelo.

2 CORINTIOS 1:3 NTV

Dios, tú eres la fuente de todo consuelo. Cuando encuentro refugio en los consejos de mi madre, es porque tú le das la ternura y las palabras necesarias. Cuando corro a los brazos de mi padre, tú le das el cariño y la fuerza para abrazarme exactamente como necesito. Cuando me consuela la compasión de un amigo, eres tú quien hace que su corazón se ablande para quererme. Señor, perdóname por dirigir primero mi mirada al mundo, incluso a aquellos seres queridos que tú me has dado. Ayúdame a recordar que debo empezar mirándote a ti, la fuente, y permitirte que me guíes desde aquí. A menudo veo que, cuando hago esto, no tengo que ir más allá. A veces, solo buscarte y encontrarte es todo lo que necesito.

¿Acudes a Jesús como tu fuente de consuelo?

Anclada

Pero pida con fe, no dudando nada; porque el que duda
es semejante a la onda del mar, que es arrastrada
por el viento y echada de una parte a otra.
SANTIAGO 1:6 RV60

Dios, tu Palabra está llena de pruebas de tu
fidelidad y capacidad. En ningún momento se ve
que tú te equivoques. Mi futuro está protegido.
Tengo certeza, pero aun así dudo. Creo, pero aun
así soy escéptica. Como una pelota en el océano,
voy dejándome arrastrar de una ola a otra. Me
siento a merced del viento y de las olas. No sé qué
conseguirá llevarse todas mis preguntas; es por eso
por lo que me dirijo a ti. Cuando te pido algo, hazme
pedírtelo con la confianza de alguien que ya conoce
la respuesta. ¡Ayúdame con mis dudas, Padre!
Llévatelas y sustitúyelas por la confianza. Quiero
estar anclada, firme, segura.

**¿Te arrastra el viento y te empuja de un lado a otro?
¿Has encontrado tu ancla en Jesús?**

Acompáñame

Esta visión es para un tiempo futuro.
Describe el fin, y este se cumplirá. Aunque parezca que
se demora en llegar, espera con paciencia, porque sin lugar
a dudas sucederá. No se tardará.

HABACUC 3:2 NTV

Dios, tú sabes cuál es el momento perfecto para cada cosa. Tiendo a dudar de esto cuando tu ritmo no va acorde con mis deseos, pero más tarde, cuando comprendo por qué has elegido un momento y no otro, veo una y otra vez que era una opción mucho mejor. A veces es dramático: un semáforo que me salto me evita meterme en un accidente; una oportunidad desaprovechada que lleva a otra mucho mejor. En otros casos eres más sutil. Y me encanta. Cuando me haces esperar, aflojo el ritmo y observo, intentando discernir cuál es tu intención. Y entonces veo cosas, como la belleza y el humor, que me habría perdido si no lo hubiera hecho. Gracias por ralentizarme, Señor, y por hacerme esperar. No solo tu ritmo es mejor, sino que tú me acompañas en esta espera transmitiéndome belleza y serenidad.

¿A que a veces es difícil esperar al momento que Dios ha elegido?

Centrarme en esto

El amor es paciente, es bondadoso.
El amor no es envidioso ni jactancioso ni orgulloso.
1 CORINTIOS 13:4 NVI

Padre, gracias por mi vida. Me encanta tu cercanía. Te amo. Lamento el tiempo que paso comparando mi vida con la de los demás y pensando que una nueva casa, una hija más dotada, un puesto de trabajo más prominente o cualquier otra cosa me haría sentirme mucho más plena. Tu amor me hace sentir plena. Sé que esto es verdad. Incluso sentir envidia de la intimidad de otros contigo te deshonra; lo siento, Dios. El tiempo y la atención que les dedicas no me quita ni un segundo de la intimidad que puedo tener contigo. Y esto también lo sé. Ayúdame a centrarme en esto, Padre, en la satisfacción de vivir en tu amor.

¿Te sientes satisfecha con vivir en el amor del Padre?

Reconciliación

Y se humilla mi pueblo sobre el cual es invocado mi nombre,
y oran, buscan mi rostro y se vuelven de sus malos caminos,
entonces yo oiré desde los cielos,
perdonaré su pecado y sanaré su tierra.

2 CRÓNICAS 7:14 LBLA

Señor, me encanta encontrarme contigo, cantarte y servir junto a otros que son llamados a amarte. Me encanta traer mis pecados ante ti, dejarlos a tus pies y reconciliar mi corazón, junto a otros, con el tuyo. Sé que mi arrepentimiento es importante para ti, Dios. Hablas muy a menudo del arrepentimiento en tu Palabra, así que hoy voy a orar por las iglesias. Espero que lo estemos haciendo bien, centrándonos en el amor y el arrepentimiento, y en crecer íntimamente contigo. Te ruego que no estemos convirtiendo nuestros lugares de reconciliación en lugares de ocio y entretenimiento. Te ruego que recordemos, antes de celebrarte, servirte y cantarte, que debemos reconciliarnos contigo.

How can you live a life of humility before the Lord?

Octubre

Respóndeme cuando clamo a ti,
oh Dios, tú que me declaras inocente.
Libérame de mis problemas;
ten misericordia de mí y
escucha mi oración.

SALMO 4:1 NTV

guarda mi corazón

Poned la mira en las cosas de arriba,
no en las de la tierra.
COLOSENSES 3:2 LBLA

Dios, ¡me encanta tu creación! Este mundo es deslumbrante, repleto de belleza, oportunidades y variedad. También es una tremenda distracción a la que soy muy, muy susceptible. ¡Por favor, guarda mi corazón del mundo, Padre! Quiero apreciar y respetar el trabajo de tus manos, pero sin convertirlo en adoración. ¡Levanta mis ojos a los cielos cuando me centro demasiado en mis posesiones o en mí misma, Dios! Ayúdame a estar agradecida por mi hogar sin convertirlo en un ídolo. Ayúdame a dedicarme a mi trabajo sin permitir que me consuma. Ayúdame a respetar y cuidar mi trabajo sin sentir que me define. Solo tú me defines, y quiero que tu amor sea todo lo que me consuma.

¿Tienes la mente puesta en las cosas de arriba?

Esto es temporal

No mirando nosotros las cosas que se ven,
sino las que no se ven; pues las cosas que se ven son
temporales, pero las que no se ven son eternas.
2 CORINTIOS 4:18 RV60

Padre Dios, ojalá tuviera hoy tu visión. Desearía poder ver más allá de mis circunstancias y otear la eternidad, donde todas tus promesas se han cumplido, donde este sufrimiento presente está olvidado y donde soy feliz, completa y libre. Para ti, ese momento está a solo un parpadeo. Para mí, siento que jamás llegará. Apacigua mi corazón, Señor, con tu consuelo. Recuérdame que esto es temporal. Dime lo maravilloso que será cuando estemos juntos. Dame una paz tan profunda que estas circunstancias no puedan ni tocarme. Muéstrame lo que tú ves en la eternidad.

¿Estás mirando más allá de lo temporal, a lo eterno?

Empatía

Si uno de los miembros sufre,
los demás comparten su sufrimiento; y,
si uno de ellos recibe honor, los demás se alegran con él.
1 CORINTIOS 12:26 NVI

Dios que siempre estás presente, tú estás por encima, por debajo, alrededor y a través de todos los que te llaman Señor. Esta conexión contigo nos une también entre nosotros. Inúndame de esta conexión, Padre. Quiero estar abrumada de empatía. Sí, sé lo que te estoy pidiendo. Sé que sentirla es pesado, pero dolorosamente precioso, y es cuando más cerca te he sentido. Dame el gozo de mi hermano, el dolor de mi hermana, la confusión de mi amigo. Permíteme estar con ellos en completa sintonía y encontrarte a ti en ese punto. Muéveme a actuar por ellos, Dios, a partir de esta empatía. Porque, durante tanto tiempo como pueda soportarlo, quiero sentir lo que tú sientes.

¿Con quién puedes empatizar hoy?

Mi nombre

Mira, he escrito tu nombre en las palmas de mis manos.
En mi mente siempre está la imagen de las murallas
de Jerusalén convertidas en ruinas.

ISAÍAS 49:16 NTV

Señor, ¿por qué soy tan especial para ti? Según tu Palabra, tú has escrito mi nombre en tu mano. Recuerdo que cuando era pequeña escribía el nombre de los chicos que me gustaban o de los niños a los que me gustaría llegar a conocer. Y pensar que me amas de esta forma, que te acelero el pulso, es demasiado adorable. Perdóname cuando no reparo en ti. Tus promesas de que siempre me recordarás, de que nunca me abandonarás, me hacen rebosar de amor. ¡Cuán agradecida te estoy! Me limitaría a pedirte solo estas cosas si no fuera porque ya me las has prometido. «¡No me olvides, Padre! ¡No me abandones, Señor!». Y en ese momento tú me mostrarías tu mano y yo vería lo que hay escrito en ella. «Hecho está».

¿Sabes que eres especial para Dios?

El gozo es medicina

El corazón alegre es buena medicina,
pero el espíritu quebrantado seca los huesos.
PROVERBIOS 17:22 LBLA

Señor, tu gozo es mi fuerza, mi fuente de sanación, mi medicina. Siento lo rápidamente que acudo a otras fuentes, intentando curarme sin ti. Los doctores y sus recetas son buenos, pero sin tu gozo en mi corazón, la salud de mi cuerpo no vale demasiado. Recuérdame, Dios, buscarte primero. Muéstrame cuán a menudo un cambio de perspectiva o un cambio de enfoque pueden sanarme. Revélame si un dolor en el cuerpo es una llamada a volver a tu fuente de gozo. Y cuando realmente necesite sanación física, recuérdame que esta llega muchísimo más rápido a un corazón que está lleno.

¿Cómo puedes hacer que el gozo sea tu medicina hoy?

Entenderlo bien

> Porque donde está vuestro tesoro,
> allí estará también vuestro corazón.
> LUCAS 12:34 RV60

Padre, ¿cómo lo haces para que cada uno de tus hijos sea tu prioridad número uno? Incluso cuando nos sentimos olvidados, la verdad es que tu dedicación sigue estando ahí. Ni siquiera sé si podría decirte cuál es mi prioridad número uno, y eso me duele. A veces siento que me limito a saltar de un fuego a otro, intentando apagarlos. Ay, Señor, ¡ayúdame a entender esto bien! Pon tus valores en un lugar tan prominente en mi interior que las llamas de las distracciones no puedan arrancarme tan fácilmente de lo que importa de verdad. Inspírame a hacer que mi prioridad número uno sea honrarte y seguirte para saber que, sea lo que sea que cautive mi corazón y atención, será lo mismo que cautiva los tuyos.

¿Cuál es tu prioridad número uno? ¿Dónde está tu tesoro?

Sin preocupación

La congoja en el corazón del hombre lo abate;
mas la buena palabra lo alegra.

PROVERBIOS 12:25 RV60

Sabio Padre, ¿cómo debe de ser eso de no conocer la preocupación? No puedo concebirlo. Con tantos hijos, a los que tanto amas, y con tantas situaciones peligrosas en las que nos metemos… Con tantas elecciones arriesgadas, me siento contenta de que tú ya sepas cuál es el resultado. Pero, un momento. Yo también lo sé, ¿no? Entonces, si ya sé cómo acaba la historia, ¿por qué me preocupo? Es como ver una película por segunda vez y esperar que la historia sea distinta. Todo lo que consigo es llenar mi corazón de pesar y tener el miedo metido en el estómago. ¡Vaya sinsentido! Ayúdame a liberarme de esto, Padre; a creer en el final que tú has escrito y a disfrutar del espectáculo.

¿Estás disfrutando lo que Dios tiene preparado para ti?

Riqueza de carácter

Elige una buena reputación sobre las muchas riquezas;
ser tenido en gran estima es mejor que la plata o el oro.
PROVERBIOS 22:1 NTV

Dios, cuando me planteo qué es lo importante, miro a Jesús. Tú podrías haber hecho que se criara en un palacio, pero preferiste que fuera pobre. Lo encomendaste a personas que habían trabajado duro para conseguir todo lo que tenían. En vez de cosas, lo dotaste de riqueza de carácter, percepción y compasión. No te impresionan las cosas materiales que conseguimos, ¿verdad? Entonces, ¿por qué son tan importantes para nosotros... y para mí? ¿Por qué mi cuenta bancaria me ocupa mucho más los pensamientos que mi carácter? Endereza mis pensamientos, Dios, y hazme desear la riqueza que tuvo Jesús. Haz que mi palabra valga más que mi cartera. Hazme rica en compasión y dame abundancia de amor.

¿Eliges tener una buena reputación por encima de grandes riquezas?

Una llamada a amar

Cuando cayere tu enemigo, no te regocijes,
y cuando tropezare, no se alegre tu corazón.
PROVERBIOS 24:17 RV60

Padre, tu compasión nunca falla. Incluso el
llanto de alguien que te ha rechazado y que ha
luchado contra ti toda su vida te parte el corazón.
Haz que pase lo mismo en el mío. Si me alegro
un poquito cuando alguien «recibe su merecido»,
dame compasión y haz que me duela en el corazón.
Muéstrame a estas personas como las ves tú. Dios,
que jamás encuentre yo placer en los tropiezos
de otros, hayan hecho lo que hayan hecho, contra
mí o contra otra persona. Borra la venganza de mi
corazón. Recuérdame que yo tengo mi propia vida
por vivir y que mi llamado es a amar.

¿Tienes un corazón de amor hacia los demás?

Fuerza revelada

Tuyos son, Señor, la grandeza y el poder, la gloria,
la victoria y la majestad. Tuyo es todo cuanto hay
en el cielo y en la tierra.
1 CRÓNICAS 29:11 NVI

Dios todopoderoso, cuán agradecida estoy por
tu fuerza. Solo pensar en tu capacidad ilimitada me
redobla los ánimos. Tus muestras de poder en la
naturaleza me fascinan, y saber que una tormenta o
que las fauces de un león no son rivales para ti me
deja boquiabierta. Este es el poder que hay en mi vida.
Gracias, Señor. Gracias por haber elegido revelar y
usar tu poder en mí y para mí. El poder que brota a
través de mí con solo invocar tu nombre me inunda
de gratitud. La fuerza que recibo en respuesta a una
oración hace que me tiemblen las rodillas, maravillada.

**¿Estás agradecida por el poder de Dios que está
obrando en tu vida?**

El único juez

Solo Dios, quien ha dado la ley, es el Juez.
Solamente él tiene el poder para salvar o destruir. Entonces,
¿qué derecho tienes tú para juzgar a tu prójimo?
SANTIAGO 4:12 NTV

Señor, tú eres el único juez. Recuérdame esto, Padre, mientras me hundo bajo el peso de las opiniones de los demás. Tanto si soy una incomprendida como si tienen razón en su evaluación, recuérdame que es irrelevante. Solo tú puedes decidir quién soy. No permitas que el juicio de los demás me influya, me cambie o me haga daño, Dios. Deja que sus opiniones me parezcan irrelevantes, igual que lo son a tus ojos. Si necesito convicción, haz que provenga de ti, solo de ti. Si debo enfrentarme a juicio, permíteme refugiarme debajo de ti. Solo tú conoces mi corazón, Señor, y solo tú puedes cambiarlo. Todo lo demás no es más que ruido.

¿Estás convencida de que Dios es el único juez verdadero?

Fiel en lo poco

El que es fiel en lo muy poco,
es fiel también en lo mucho; y el que es injusto
en lo muy poco, también es injusto en lo mucho.
LUCAS 16:10 LBLA

Señor, cuando me encomiendas una tarea, me siento tan orgullosa como una niña pequeña que ayuda a su mamá o papá. Siento que me valoras muchísimo, que confías en mí. Igual que esa niña pequeña, sé que no siempre actúo bien. Sé que te sería muchísimo más fácil hacerlo tú mismo pero, aun así, tú me das la responsabilidad de algo que te importa, ¡y eso para mí es importantísimo! Confía más en mí, Padre. Quiero ser una sierva fiel con lo que me has confiado. Llévame a un lugar donde pueda proveer, prosperar y servir, todo a la vez. Sueño a lo grande, tal y como tú me has enseñado. Recógeme y colócame allá donde pueda hacerte sentir orgulloso.

¿Cómo eres fiel en las cosas pequeñas?

Alabanza sincera

Venid, adoremos y postrémonos;
arrodillémonos delante de Jehová nuestro Hacedor.
SALMO 95:6 RV60

Padre, muéstrame qué quiere decir alabarte sinceramente. Sé que mis esfuerzos no están a la altura, que son poco entusiastas. Estoy demasiado centrada en mí misma, en mi aspecto, en qué puedo parecerles a los demás, y no puedo dirigirte a ti toda mi atención. ¿Acaso te complacerá mi alabanza cuando invierto en mí misma tanta parte de mi concentración? Perdona mi canción sin alma, mi negativa a ponerme de rodillas. Dios, quiero olvidar incluso que existo y perderme en la adoración hacia ti. Con los brazos levantados no porque los demás también lo hacen, sino porque ansío con desesperación sentir tu tacto. Que mi cuerpo se mueva no por el ritmo de la música sino por el latido de tu corazón.

**¿Es el deseo de tu corazón alabar
sinceramente a tu Dios?**

Muéstrame belleza

Te alabaré; porque formidables, maravillosas son tus obras;
estoy maravillado, y mi alma lo sabe muy bien.
SALMO 139:14 RV60

Padre, si tú eres perfecto y no cometes errores, eso quiere decir que soy exactamente como tú querías que fuese. A tus ojos debo parecer preciosa. Padre, yo no lo veo... Yo no me veo a mí misma como tú me ves. Veo bultos, protuberancias, granos y pecados. Veo cosas que tengo que mejorar y cosas que me gustaría extirpar. Puede que sea más que aceptable para ti, pero a mí me cuesta aceptarme a mí misma. Quiero pedirte que me hagas diferente, que cambies las cosas que no me gustan, pero sé que lo que realmente necesito es ver lo que ves tú. Muéstrame mi belleza, Señor, a través de los ojos de un Padre. Y después, ayúdame a aceptar lo que veo.

¿Sabes que el Señor te ha hecho maravillosa?

Una osada confianza

No es que pensemos que estamos capacitados
para hacer algo por nuestra propia cuenta.
Nuestra aptitud proviene de Dios.
2 CORINTIOS 3:5 NTV

Dios creador, ¿qué escapa a tus capacidades?
¿Qué tarea te será imposible cumplir? Cuando
me sienta sobrepasada e incapaz, ayúdame a
recordar que no tengo que dejarme llevar por el
pánico. Tú estás conmigo y tu grandeza suple más
que de sobras mi incapacidad. Cuando me falte
confianza, permíteme encontrarla en ti. Tú no me
habrías encomendado esta tarea si yo no fuera
capaz de llevarla a cabo. Puede que permitas una
cierta cantidad de problemas y luchas a medida que
avanzo en mi camino, ¡pero eso es simplemente para
recordarme cuánto te necesito! Hazme osada en mi
confianza en ti, Señor, e infúndeme tu capacidad. Si
esto que hago es para ti, no puedo fallar.

¿Está puesta tu confianza en tu Creador?

Redención

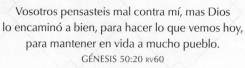

Vosotros pensasteis mal contra mí, mas Dios
lo encaminó a bien, para hacer lo que vemos hoy,
para mantener en vida a mucho pueblo.
GÉNESIS 50:20 RV60

Padre, tú lo encaminas todo a bien. Incluso lo
malo de este mundo se convierte en algo precioso
en tus manos. Del mismo modo que tú convertiste
la traición de los hermanos de José en prosperidad
para toda una nación, reconciliación para una familia
y la salvación de muchísimas vidas, tú puedes
redimir las obras más terribles todavía hoy. Y es
por eso por lo que no debo temerle al mal: porque no
puede resistirte. Y mientras espero, con las rodillas
temblorosas y los ojos anegados en lágrimas para
ver cómo redimes la tragedia y la destrucción, tú
me invitas a encontrar refugio bajo tu promesa y
descansar en ella. Tú haces que todas las cosas
ayuden a bien a aquellos que te aman, y yo te amo.

**¿Hay algún mal en tu contra que veas que Dios está
convirtiendo en bien?**

Tengo fe

Ahora bien, la fe es la garantía de lo que se espera,
la certeza de lo que no se ve.
HEBREOS 11:1 NVI

Señor, tengo esperanzas, sueños y objetivos. Sé dónde me gustaría acabar y qué espero que pase en mi recorrido. Tengo fe en que el camino en el que me has puesto me llevará hasta ahí. Tú estás al mando, Dios, y esto me hace rebosar confianza. Pondría la mano en el fuego por ti. Y sé que llegará el día en el que dudaré de esta convicción. Una encrucijada o una tormenta inesperada me harán cuestionar todo el camino. Y, en ese día, recuérdame esto: confío en mis objetivos porque me los propongo contigo en el corazón. No dudo de mis sueños porque creo que vienen de ti. ¿Y mi esperanza? En tus manos está. Tengo fe en ti, Señor.

¿Tienes fe en el Señor?

La mismísima bondad

El amor sea sin fingimiento.
Aborreced lo malo, seguid lo bueno.
ROMANOS 12:9 RV60

Dios, tú eres la mismísima bondad. Desear lo que es bueno es desearte a ti, y hacer el bien es estar cada vez más y más llena de ti. No puedo comprender mi atracción por cualquier otra cosa. ¿Qué me puede ofrecer un programa de televisión sobre asesinatos, traiciones y vacuidad cuando podría estar meditando en los millones de formas en las que eres maravilloso? ¿Para qué chismorrear cuando puedo compartir tu amor? Señor, quiero odiar la oscuridad. Dame un gusto amargo cuando esta me invada. Hazme retroceder en protesta. Ayúdame a aferrarme a la verdad, el amor y la luz, buscando la bondad y encontrándote.

¿Es tu amor sincero? ¿Aborreces el mal y te aferras a lo que es bueno?

Dispuesta a escuchar

La crítica constructiva es, para quien la escucha,
como un pendiente u otras joyas de oro.
PROVERBIOS 25:12 NTV

Señor, gracias por los guías y consejeros que tú me has ido dando a lo largo de mi vida. Les has dado sabiduría y paciencia, y yo me he podido beneficiar de ambas. Tú y ellos han olvidado las veces en las que yo he sido demasiado arrogante o tozuda como para escuchar, y te has regocijado con ellos cuando les he hecho caso, ahorrándome los problemas de tener que aprender la lección por las malas. Gracias también por la oportunidad de transmitir esta bendición, ya que has puesto a personas en mi vida que están dispuestas a escucharme. Gracias por tu ternura y gracia hacia ellos cuando ignoran mis consejos. Y muchas gracias por tu sabiduría por los días en los que los siguen a pies juntillas.

¿Estás dispuesta a escuchar?

Mejor que la vida

Porque tu misericordia es mejor que la vida,
mis labios te alabarán.
SALMO 63:3 LBLA

Señor, te alabo por tu bondad. Tú haces cosas que nos enseñan, que aumentan nuestra fe y que hacen que tu reino se acerque, pero también haces cosas simplemente por tu pura bondad. Como un regalo que se hace «porque sí», tú te deleitas en conceder bendiciones a tus hijos. Cuán preciosos me son estos regalos. A cambio, te ofrezco mi alabanza más sincera. Celebro tu corazón tierno, tus cariñosas formas de tratarnos y tus regalos perfectos. Me gozo en tu atención hacia lo que me deleita y canto sobre tu amor interminable. Podría cantarte y bailar para ti, escribir y orar, leer y soñar todo el día y no sería suficiente para darte las gracias. Eres tan, tan bueno, mi Dios.

¿Cómo puedes alabar a Dios hoy por su tierno cariño?

Sin remordimientos

Porque la tristeza que es según Dios produce arrepentimiento
para salvación, de que no hay que arrepentirse;
pero la tristeza del mundo produce muerte.
2 CORINTIOS 7:10 RV60

Señor, uno de tus regalos más increíbles es una vida sin remordimientos. La libertad debe de ser más de lo que la mayoría de nosotros puede soportar, porque nos cuesta una barbaridad aceptar ese regalo, ¿verdad? Pero ay, ¡qué día más precioso será aquel en el que me levante y advierta que los remordimientos han desaparecido! De vez en cuando puedo entrever cómo será. Recuerdo un antiguo pecado y en vez de culpa y vergüenza, experimento unos breves momentos de paz y de gratitud porque esos días ya han quedado atrás. Entonces se oye aquella voz, aquella que me dice: «¿Pero cómo puedes estar tan contenta ahora mismo?». ¡Ayúdame a silenciar esa voz, Señor! Permíteme aferrarme a tu gracia, Señor, y a liberarme del remordimiento de una vez por todas.

¿Estás viviendo una vida sin remordimientos?

Nada de rocas

¡Construyan, construyan, preparen el camino!
¡Quiten los obstáculos del camino de mi pueblo!
ISAÍAS 57:14 NVI

Ya que tú eres el Dios que mueve montañas, ¿puedo pedirte que te encargues de este campo de rocas, Señor? Intento avanzar por mi camino, hacer el bien, pero tropiezo cada dos por tres o tengo que cambiar el rumbo. Sé que tú moverás todos los obstáculos si te lo pido con un corazón firme en ti, así que, por favor, despeja mi corazón de cualquier estorbo. Libéralo para que pueda seguir adelante. Sé que tú siempre tienes algo bueno entre manos, pero este viaje está empezando a agotarme. Las personas a las que amo están sufriendo, y a mí me cuesta poder ayudarlas. Y, mientras pasa esto, ahí están las rocas. Vienen rodando de todas direcciones, me caen del cielo. Despeja el camino, Padre, igual que despejas mi corazón.

¿Qué rocas necesitas que Dios aparte de tu camino?

Aduéñate de mi corazón

Así que, sigamos lo que contribuye
a la paz y a la mutua edificación.
ROMANOS 14:19 RV60

Jesús, tú que tanto amas mi alma, no puedo creer que me busques con ansia, que yo te cautive. Esta idea me da muchísima paz y me transmite la sensación de que soy suficiente. Gracias por eso. A menudo digo que necesito paz (y, además, te amo con locura), pero cuando me fijo en lo que estoy persiguiendo, me parece que lo que me cautiva es el caos. Señor, ¡aduéñate de mi corazón! Ayúdame a darle la espalda a la locura del éxito y del ajetreo constantes, y a conformarme simplemente con el tremendo amor que me profesas. Déjame descansar en esto; haz que me cautive. Dirige mi anhelo hacia ti, Señor, y, cuando te atrape, hazme caer en la paz de tus brazos abiertos.

¿Buscas cosas que traen paz?

Demasiado

Venid a mí todos los que estáis trabajados
y cargados, y yo os haré descansar.
MATEO 11:28 RV60

Precioso Señor, ¿cómo puedes ser tan tierno?
Sé que tus cargas son tremendas; tú llevas todo lo
que nosotros no podemos soportar. Y aun así tú me
llamas y te ofreces a llevar también las mías. ¡Qué
precioso eres! Jesús, admito que estoy agotada. Llevo
mucho tiempo esforzándome; mi carga es pesada.
Gracias, Señor, por tu invitación. Qué típico de ti
es llevar mi carga como si fuera tuya. Gracias por
ofrecerme descanso. Si no fuera por ti, ¿dónde podría
encontrarlo, con tanto con lo que cargar? ¿A quién
más podría confiarle la vigilancia de mi carga mientras
recupero mis fuerzas? ¿En quién podría tener fe de
que me avisaría cuando llegase la hora de volver a
ponerse manos a la obra? Solo tú, gracioso Señor.

**¿Qué te sobrepasa ahora mismo que podrías
entregarle a Dios?**

Autodisciplina

Mas el fin de todas las cosas se acerca; sed,
pues, sobrios, y velad en oración.
1 PEDRO 4:7 RV60

Dios, tu gracia e inventiva me fascinan
constantemente. Gracias a Jesús no tenemos que
obedecerte para ganarnos un lugar en el cielo. Pero
tus leyes existen para ahorrarnos el dolor y las
consecuencias de estar separados de ti, así que
debemos seguir disciplinándonos. Tú sabías que
incluso bajo la gracia seguiríamos luchando con el
pecado, así que enviaste a tu Espíritu Santo, quien
nos da el autocontrol. Gracias, Señor, por el poder
de discernimiento de tu Espíritu Santo. Por favor,
concédeme ahora ese poder y ayúdame a controlar
mi carne. Quiero vivir libre de las consecuencias del
pecado y permanecer en tu presencia.

¿Estás disciplinándote para llegar al final?

Responsabilidad

Como el hierro se afila con hierro,
así un amigo se afila con su amigo.
PROVERBIOS 27:17 NTV

Padre, tú te encargas de cada una de mis necesidades, incluso de aquellas por las que no sé que debo rogarte. Estoy segura de que soy demasiado orgullosa como para habértelo pedido, pero tener amigos que me exigen que cumpla con tus estándares es un tremendo regalo. Sí, es maravilloso tener a gente con la que reír y pasarlo bien, pero aquellos que me inspiran para ser una mejor persona son quienes realmente le dan significado a mi vida. Cuando esté evitando a alguna de estas valiosísimas personas, haz que me salten las alarmas, Señor. Oblígame a revisarme el corazón para ver qué es lo que intento esconder. Dame valentía para mostrárselo a estos amigos antes de que me lo pregunten y llévalos a orar conmigo para pedir la oración que necesito para liberarme.

¿Tienes a un amigo que te exige que le rindas cuentas?

Sé valiente

Y él dijo: «Ven». Y descendiendo Pedro de la barca,
andaba sobre las aguas para ir a Jesús.
MATEO 14:29 RV60

Señor, cuando me centro en ti, olvido lo que
es estar asustada. Lo único que veo es amor y
posibilidades; disipas todo temor. Pero cuando
aparto la mirada y veo dónde estoy, aparecen las
dudas. ¿Cómo he llegado aquí? ¿En qué estaría yo
pensando? ¡Es imposible conseguir esto! Y, así de
fácilmente, empiezo a hundirme. Jesús, levántame
la barbilla con tus tiernas manos. Mírame a los ojos
y dime que todo es posible. De ti tomo la valentía,
Señor, y del mundo recibo el miedo y el recelo. ¿Por
cuál me decantaré hoy? Ayúdame a elegir bien.

¿Está puesta tu mirada en Dios? ¿Tomas valor de él?

No desesperaré

Muchas son las angustias del justo,
pero el Señor lo librará de todas ellas.
SALMO 34:19 NVI

Dios, ¡tú eres mi libertador! Aunque esté perdida, sin amigos, sin dinero, sin esperanza o hundida en el pecado, tú guardas tu promesa y me llevas de vuelta a casa. ¡Qué verdad más increíble! Y quedo todavía más maravillada cada vez que vienes a por mí, me sacas de la desesperación y me llevas a la paz y la seguridad de la esperanza. Señor, vuelve a por mí, ahora. Ni siquiera sé cómo he llegado aquí; lo único que sé es que estoy aquí y lo veo todo negro. Brilla sobre mí, Padre, y envuélveme en tu luz. Aquí me siento muy sola y estoy muerta de miedo, pero no desesperaré.

¿Tienes problemas de los que necesitas que el Señor te libere?

Más allá de toda razón

¿Qué podemos decir acerca de cosas tan maravillosas
como estas? Si Dios está a favor de nosotros,
¿quién podrá ponerse en nuestra contra?
ROMANOS 8:31 NTV

Dios, mi general, mi capitán, mi padre, mi amigo...
Cuando pienso en todo lo que eres para mí, veo que
no puedo fallar. Reconozco el poder que tengo como
tu hija y eso me anima más allá de todo razonamiento
humano. Ojalá pudiera perder este razonamiento
humano por completo y descansar únicamente en tus
promesas. Y puedo, sí. Con tu ayuda. Pero ¿seré lo
suficientemente valiente como para pedírtelo? ¿Tengo
el arrojo suficiente como para rendir mi propia lógica
a la forma revolucionaria en la que funciona tu reino?
Descubrámoslo juntos, Señor. ¡Ayúdame a dejar a
un lado mi propia lógica y a decantarme por la fe! La
lógica me dice que estoy perdiendo, pero prefiero tu
verdad. Contigo a mi lado, no puedo ser derrotada.

Si Dios está contigo, ¿quién podrá derrotarte?

Rendida

Lo que deberían decir es: «Si el Señor quiere,
viviremos y haremos esto o aquello».
SANTIAGO 4:15 NTV

Que no se haga mi voluntad sino la tuya, Dios. La tuya es perfecta, incuestionable, divina. La mía es egoísta incluso en mis mejores días. Oh, Señor, cuando las cosas se ponen difíciles, ¡muéstrame si acaso he ido en contra de tu voluntad! Pregúntame si estoy planificando mi propia vida o buscando tu plan. Cuestióname, Señor, y permíteme responder con sinceridad: ¿estoy rendida a tu voluntad? ¿La deseo más que nada? ¿Pondré en peligro lo que me es familiar por el riesgo que tú me estás pidiendo que corra? ¿Me quedaré dentro de la barca o saldré a las olas? Si empiezo a seguir un sueño que tú no me has dado, impídeme seguir avanzando. Recuérdame quién eres, Dios, y que lo único que necesito planificar es cómo seguirte.

¿Estás planificando tu vida o siguiendo el plan de Dios?

Acércate más

Pero él da mayor gracia. Por esto dice:
«Dios resiste a los soberbios, y da gracia a los humildes».
SANTIAGO 4:6 RV60

Dios lleno de gracia, ¿dónde estaría sin tu inacabable suministro de misericordia y perdón? Sé que me debe de encantar tu gracia, porque te pido más y más cada día. Acabo cansada de oírme decir lo mismo, admitiendo que sucumbo a las mismas debilidades y alimentando los mismos pecados. Pero tú te acercas todavía más, Señor. Nunca te cansas de mi contrición. En humildad reconozco, una vez más, que he fallado y te vuelvo a pedir tu gracia. Y mientras pienso en ello, incluso antes de que las palabras se formen en mi mente, tú me la concedes. Otra vez. Tu gracia restaura mi dignidad y refuerza mi resistencia. Hoy, debido a tu gracia, seré fuerte. Cuán maravilloso eres.

¿Sabías que, cuando te humillas, Dios te da más gracia?

Noviembre

Dedíquense a la oración
con una mente alerta y
un corazón agradecido.
Colosenses 4:2 ntv

Hay esperanza

Tendrás confianza, porque hay esperanza;
mirarás alrededor, y dormirás seguro.
JOB 11:18 RV60

Dios de la esperanza, tú quitas todo aquello
destinado a derrotarme. Tu esperanza es seguridad,
descanso, confianza y paz. Tu esperanza es vida.
No sé por qué pongo mis ojos en cualquier otra
cosa pero, cada vez que lo hago, el mundo intenta
convencerme de que esta esperanza ha desaparecido
o, lo que es incluso peor, de que nunca ha llegado a
existir. En mis dudas, restaura mi esperanza, Señor.
Como hay esperanza, ya no tengo que desear
nada. Ya no tengo que suponer, especular o incluso
razonar. Como hay esperanza, tengo certeza. Como
tengo certeza, incluso sin mirar el camino, puedo dar
otro paso.

¿Estás lista para dar el siguiente paso?

Ora por los demás

Confiésense los pecados unos a otros y oren
los unos por los otros, para que sean sanados.
La oración ferviente de una persona justa
tiene mucho poder y da resultados maravillosos.
SANTIAGO 5:16 NTV

Compasivo Señor, te doy las gracias porque nuestras oraciones son como música a tus oídos, especialmente cuando oramos por los demás. Hay una paz que me invade, a pesar de mis circunstancias, cuando me olvido de mis propias necesidades y dirijo mi corazón a las preocupaciones de otro de tus hijos. Sospecho que esta paz es un reflejo de tu gozo. Quiero traerte gozo, Señor, y ser una bendición para todos aquellos que confían en que oro por ellos. Quiero olvidarme de mí misma por completo y dejarme arrastrar por la compasión hacia otra persona. Oye mis oraciones, Dios, y sana los corazones y cuerpos que lloran pidiendo alivio. Hazles saber que sus peticiones han sido oídas y dales paz, respondiendo a mis peticiones por ellos.

¿Sabías que tus oraciones por otros tienen un poder tremendo?

Hasta que yo también lo hago

Mas ciertamente me escuchó Dios;
atendió a la voz de mi súplica.
SALMO 66:19 RV60

Señor, tú siempre escuchas, especialmente cuando oro. Sé que tú me oyes, Dios, y esto renueva mi esperanza. Tú oyes mis llamadas de auxilio, mis agradecimientos, mis confesiones de pecado. Tú escuchas de forma activa, atenta, todas y cada una de las palabras que te digo. Te alabo, Señor, por tu paciente escucha. Me iría bien aprender de ti, Dios, y escuchar tu respuesta. A veces me la pierdo mientras sigo hablando y hablando, y me olvido de que esto es un diálogo con dos interlocutores. Gracias por escucharme, Padre, incluso aunque lo hayas oído todo ya otras veces. Y gracias por responderme, incluso cuando ya lo has dicho antes. Me escuchas hasta que yo también lo hago, independientemente de cuánto tarde.

¿Sabías que Dios te ha oído y está atento a tu oración?

No estoy sola

Luego Dios el Señor dijo: «No es bueno que el hombre esté solo. Voy a hacerle una ayuda adecuada».
GÉNESIS 2:18 NVI

Dios de amor, la primera cosa que hiciste por tu primer hijo fue crear a otra persona. No estamos hechos para estar solos. Estamos hechos para relacionarnos contigo y entre nosotros. Me siento sola, Señor. Sea porque lo he decidido yo o porque me ha sido impuesto, solo tú lo sabes con seguridad. Sea por lo que sea, ¿podrías, por favor, enviarme consuelo? Cuando intento conectar con otros sin obtener respuesta, envíame a alguien que me vea y me comprenda, alguien que abra sus brazos de par en par y diga: «¡Yo también!». Envíame a alguien para recordarme que no estoy sola. Incluso cuando prefiero esconderme (especialmente cuando me esté escondiendo), envía a alguien al lugar donde me oculto y haz que me saquen de ahí. Por favor, Dios, no me permitas estar sola.

¿Te sientes sola? ¿Puedes confiar en que Dios te enviará a alguien?

La regla de oro

Haz a los demás todo lo que quieras que te hagan a ti.
Esa es la esencia de todo lo que se enseña
en la ley y en los profetas.
MATEO 7:12 NTV

Dios, ¡cuán agradecida me siento porque no me tratas como te trato yo a ti! Gracias por tu constancia, paciencia y amor incondicional. Ayúdame a aprender de ese ejemplo y ayúdame a darle a todo el mundo el amor y el respeto que merecen. Especialmente cuando a mí no se me respeta, hazme honrar todavía más al otro. Esto va en contra de mi naturaleza, Dios. La grosería invita a ser grosero, y alguien que se pone a la defensiva incita al ataque. ¡Cambia mi forma de pensar! Haz que las palabras desagradables produzcan compasión en mi corazón; permite que una respuesta defensiva provoque en mí una reacción amable. Ayúdame a dar, como tú, aquello que espero recibir.

**¿Cómo quieres que te traten los demás?
¿Estás tratándoles tú así?**

Que reine el amor

Y sobre todas estas cosas, vestíos de amor,
que es el vínculo de la unidad.
COLOSENSES 3:14 LBLA

Amado Padre, si tuviera que describirte con una sola palabra, elegiría el amor. El amor explica todo lo que has hecho y niega todos los motivos que tienes para rechazarnos. Seguir tu ejemplo haría que la vida fuera mucho más simple, Dios. Me siento controlada por los estados de ánimo y las acciones de los demás. Y esto me hace sentir inestable. Señor, haz que el amor sea lo que gobierne mi corazón. El amor acaba con todas las discusiones, con todo el enfado y con todas las dudas. El amor engendra más amor. El amor termina con las divisiones, los castigos y la competición. El amor engendra gozo. El amor desafía a las condiciones; las condiciones desafían a la paz. El amor afianza mi corazón y da significado a mi vida. De nuevo te pido, Dios, que reine el amor.

¿El amor reina en tu corazón?

Soy tuya

No he venido a llamar a justos,
sino a pecadores al arrepentimiento.
LUCAS 5:32 RV60

Señor, nunca permitas que olvide el estado en el que me encontrase; quiero conservar un corazón de arrepentimiento. No vivía una vida sin pecado. De hecho, estaba muerta en mi pecado. Puede que de vez en cuando sintiera una cierta culpabilidad, pero nunca en forma de dolor por haberte decepcionado. Ahora que soy tuya, odio mis pecados. Cosas en las que jamás hubiera reparado antes, ahora me hacen lanzarme a tus pies de inmediato, suplicando tu perdón. ¡Qué contenta estoy de que me hayas hecho volver a casa, Jesús! Cuán agradecida me siento porque que me has mostrado cuán desesperadamente te necesito y cuánto te debo. Gracias por perdonarme, aquel día y durante el resto de mi vida.

¿Está tu corazón lleno de gratitud por todo lo que Jesús ha hecho por ti?

El bien superior

En esto hemos conocido el amor,
en que él puso su vida por nosotros; también nosotros
debemos poner nuestras vidas por los hermanos.
JUAN 49:25 RV60

Jesús, tú pagaste el precio definitivo y diste tu vida por nosotros. ¿Cómo podemos agradecértelo si no es haciendo lo mismo? Sí... es difícil. ¡Da miedo! Me fascinan las personas que lo hacen y pido en gratitud tu protección sobre sus vidas. Por favor, acompaña a los soldados, a la policía, a los bomberos y al resto de trabajadores que de forma voluntaria ponen su propia seguridad a un lado por el bien superior. Y para aquellos que lo hacen por ti, recompénsales con una paz perfecta y un gozo firme. Convénceles de que están seguros, sea cual sea su situación. Para aquellos que se sacrifican sin conocerte, atráelos a ti. Hazles ver cuán complacido te sientes ya por sus corazones llenos de amor por los demás; dales el gozo de tu amistad.

¿Le has dado últimamente gracias a Jesús por el precio definitivo que pagó por ti?

¿Y si...?

No se inquieten por lo que van a comer o lo que van a beber.
No se preocupen por esas cosas.
LUCAS 12:29 NTV

Dios, tú te encargas de todo lo que necesito. Siempre lo has hecho y siempre lo harás. Perdóname por mis preocupaciones. Mi mente no puede concebir la provisión que prometes, así que empiezo a pensar «¿Y si...?». Lo siento, Señor. ¿Y si dejo que la preocupación acabe por desaparecer? ¿Y si confío en que harás lo que dices que harás? Invítame a ponerte a prueba, Dios, y muéstrame lo tremendamente bueno que eres. Hazme conocer el peligro, el hambre y la incerteza para que pueda preguntarme: «¿Y si le entregara esto al Señor?». ¿Y si me limitara a creerte y la preocupación acabara por desaparecer del todo? Hoy solo me preocuparé de lo que te preocupa a ti.

¿Te preocupan tus necesidades? ¿Crees que Dios puede encargarse de ellas?

Tan fácil como decidirlo

Manténganse alerta; permanezcan firmes en la fe;
sean valientes y fuertes.
1 CORINTIOS 16:13 NVI

Dios, tu fuerza nunca deja de maravillarme. Incluso tu autocontrol es poderoso. Podrías cambiarme totalmente en un instante: fortalecerme con valentía, poder y fe suficiente como para cumplir con todas las tareas que me has puesto por delante. Pero tú no me cambias. Tú me dices que soy yo quien tiene que cambiarse a sí misma. «Sé valiente», me dices. ¿Acaso puede ser así de simple? ¿Puedo limitarme a decidirlo así? Señor, tú me dices que sea valiente, así que te lo pido: hazme valiente. Tú me ordenas que sea fuerte, así que te lo ruego: hazme fuerte. Tú me pides que tenga fe, así que te lo suplico: dame fe. Con tu ayuda, Señor, lo decido. Estoy llena de fe, de fuerza y de valentía.

¿Estás llena de fe, de fuerza y de valentía?

Una vida de bendiciones

¡Gracias al Dios de tu padre, que te ayuda!
¡Gracias al Todopoderoso, que te bendice! ¡Con bendiciones
de lo alto! ¡Con bendiciones del abismo! ¡Con bendiciones
de los pechos y del seno materno!

1 GÉNESIS 3:16 NVI

Señor, tus bendiciones están en todas partes. Ayúdame a recordar, especialmente cuando estoy siendo afligida, que debo mirar a mi alrededor, a todo lo que has hecho. ¡Gracias, Señor! Gracias por la luz y la calidez del sol. Gracias por toda la vida que brota del suelo y por el agua que la sustenta. Gracias por la risa de los niños y la intimidad de la amistad. Gracias incluso por mis aflicciones. Me recuerdan que debo volverme a ti y pedirte tu consuelo. Gracias por tu consuelo, que me quita todos estos problemas de la mente. Señor, qué bueno eres conmigo. Tus bendiciones llenan mi vida.

¿Has pensado en todas tus bendiciones últimamente?

Tu permaneces

Jesucristo es el mismo ayer
y hoy y por los siglos.
HEBREOS 13:8 lbla

Precioso Señor, tú permaneces. Tú permaneces constante, fiel, sincero y me perdonas constantemente. Todo lo que eres es lo que has sido siempre y lo que siempre serás. Te alabo por tu forma de ser inmutable. Y, especialmente, Jesús, por tu amor que nunca cambia. Te doy muchísimos motivos para que disminuya tu afecto por mí, pero nunca cambias. En un mundo que cambia minuto a minuto, donde cualquier sensación de seguridad y verdad queda destrozada por las noticias de balas y bombas, mentiras y engaños, tu inmutabilidad es mi roca. El mundo me fallará. Mi salud se desvanecerá. Mis amigos me abandonarán. Pero tú seguirás ahí.

En un mundo que siempre cambia, ¿a que es bueno saber que Dios es siempre el mismo?

Permitirles escoger

Cuando el pueblo se enteró de la decisión
que había tomado el rey, todos en Israel quedaron admirados
porque reconocieron la sabiduría que Dios
le había dado para impartir justicia.

1 REYES 3:28 NTV

Dios, ¿te es difícil vernos tomar nuestras propias decisiones, especialmente cuando son erróneas? Yo, con la poca sabiduría que tengo, cuando veo a otras personas repitiendo mis mismos errores, desearía poder elegir otro camino para ellos... ¡y me resulta agotador! Del mismo modo que tú me permites cometer mis errores, ¡ayúdame a permitir los suyos! Señor, guía las decisiones de las personas a las que amo. Haz que escuchen cuando alguien las aconseja con sabiduría, pero dame también paz cuando tú les permites decidir si quieren hacer o no caso del consejo. Recuérdame cómo he llegado hasta aquí, a través de las llamas, y que tú estarás también con ellos en el horno.

¿Le pides a Dios que te ayude a tomar las decisiones adecuadas?

Al descubierto

El que encubre sus pecados no prosperará;
mas el que los confiesa y se aparta alcanzará misericordia.
PROVERBIOS 28:13 RV60

Señor perfecto, sé que tú ves. Tú has visto mi error y también me ves aquí, ahora, intentando esconderme y hacer ver que no ha pasado nada. ¿Te hago gracia, Dios? ¿Como una niña que piensa que nadie puede verla porque se ha tapado los ojos? ¿O te produzco dolor, acobardada por el miedo y la vergüenza, como si dudara de tu perdón? Sácame al descubierto, Dios, a tu luz. Acaba con mi letanía de excusas para todos aquellos a quienes he fallado; ayúdame, en vez de ello, a ofrecerles una disculpa sincera. Aquí, en mi escondite, solo pueden prosperar la culpa y la condenación. Y fuera, bajo la luz, me esperan el perdón y la misericordia. Ayúdame a responsabilizarme de mis errores, Señor, y después ayúdame a superarlos.

¿Has confesado y renunciado a tus pecados y has recibido la misericordia de Dios?

La familia es importante

Pues el que no sabe gobernar su propia casa,
¿cómo cuidará de la iglesia de Dios?
1 TIMOTEO 3:5 RV60

Padre, como una de tus hijas, ¡te ruego que bendigas y edifiques la sagrada institución que es la familia! Cuando parezca que estamos más preocupados en debatir cuál es la definición legal de familia que en invertir en la salud de nuestra propia familia, inspíranos con tu amor. Cuando parezca que hemos olvidado que nuestras familias son nuestra mejor oportunidad para darte honra, incúlcanos un sentido divino de la responsabilidad. Señor, sé que para ti la familia es importante: si no fuera así, tú no te llamarías Padre a ti mismo, ni nos llamarías hijos e hijas. Ni enviarías a tu único Hijo, a Jesús, como esposo y hermano. Pero lo has hecho. Y le has enviado. Gracias por la familia.

¿Estás agradecida por tu familia? ¿Estás agradecida por la familia de Dios?

Celebra la perfección

—¿Por qué me llamas bueno? —preguntó Jesús—.
Solo Dios es verdaderamente bueno.
MARCOS 10:18 NTV

Dios, al ver tu perfección, veo cuánto me queda a mí por conseguirla. Cuán fácilmente suelto esta palabra, como si un bistec bien hecho o incluso una espectacular rosa pudieran llegar a brillar junto a tu grandiosidad. Incluso Jesús, tu propio Hijo, se negó a aceptar la alabanza que te pertenecía a ti. Solo tú eres perfecto. Tu poder, genialidad y fidelidad, tu misericordia, ternura, creatividad y belleza no tienen igual. Tu sabiduría, voluntad y juicio son sin par. Te alabo, Señor. Celebro tu perfección. Canto de tu bondad y ansío bañarme en su luz.

¿Estás agradecida por la perfección de Dios?

Amiga de Dios

Hay amigos que llevan a la ruina,
y hay amigos más fieles que un hermano.
PROVERBIOS 18:24 NVI

Señor, Padre, Dios, Salvador… De todos los nombres que tengo para ti, «amigo» es el que más me sorprende. La amistad es completamente voluntaria, recíproca por entero. Me es casi imposible creer que me veas así, que yo pueda aportar algo a la relación. No puedo superar el hecho de que tú me eligieras a mí, de que me elijas cada día. ¡Soy amiga de Dios! Eso significa que escuchas mis problemas, que te duele lo que me duele a mí y que te gozas en mi alegría. Y, lo que es más sorprendente, significa que yo también puedo escucharte a ti: discernir qué amas y qué odias, y sentirlo junto a ti. Puedo ser tu amiga.

¿Sabes que eres amiga de Dios?

Gracias

Ya que estamos recibiendo un reino inconmovible,
seamos agradecidos y agrademos a Dios adorándolo
con santo temor y reverencia.

HEBREOS 12:28 NTV

Gracias, Dios. Oro para que me des un corazón que sienta estas palabras desde el momento en el que abro mis ojos cada día. Gracias por abrirme hoy los ojos. Gracias por todas las posibilidades que despliegas ante mí. Gracias por las oportunidades que se me van presentando para depender de ti y glorificarte. Señor, por favor, perdona mi ingratitud. Cuando me quejo de que quiero tener unos pocos minutos más para dormir, recuérdame que tengo un motivo para levantarme. Cuando mire con resignación una cocina llena de platos sucios, házmela ver como el corazón que hace latir mi casa y recuérdame que tengo un hogar. Ven a mí en cada momento, Jesús, y recuérdame que te tengo.

¿Eres realmente agradecida?

Siempre hay esperanza

Y la oración de fe salvará al enfermo, y el Señor lo levantará;
y si hubiere cometido pecados, le serán perdonados.
SANTIAGO 5:15 RV60

Señor, gracias por todas las obras milagrosas que has hecho en el pasado; me dan fe para pedir y esperanza para creer que me será concedido. Creo. Y se hará. Tú eres el sanador: de cuerpos y de almas. Incluso cuando no hay esperanza, tú ofreces esperanza. Siempre hay esperanza en la sanación. E incluso cuando la sanación no llega, hay esperanza en la resurrección. Lo rindo todo a tu voluntad, sabiendo que lo que para mí puede parecer un final es tan solo un principio a tus ojos. Aun así, te lo pido. Ruego, Señor, por sanidad cuando la sabiduría humana dice que ya no hay esperanza. La esperanza nunca se pierde cuando se te encuentra a ti.

¿Has encontrado tu esperanza en Jesús?

gracias merecidas

Y todo lo que hagan, de palabra o de obra,
háganlo en el nombre del Señor Jesús,
dando gracias a Dios el Padre por medio de él.
COLOSENSES 3:17 NVI

Señor, ¿cómo debe de ser esto de hacerlo
todo en tu nombre, abordando cada situación con
gratitud por lo que ha sido y fe en lo que será? Así
es como debería ser. ¿De qué otra forma puedo
verte si no es con un corazón agradecido? No hay
nada más razonable que la fe en lo que tú tienes
preparado. Permíteme probar esto, Dios. En este
momento, inunda mi corazón con el agradecimiento
que mereces. Permite que llegue a cada parte de mi
alma, recordándome la deuda que tengo contigo. Y,
mientras pienso en lo que vendrá a continuación,
permíteme avanzar en fe y darte las gracias por lo
que harás.

¿Cómo puedes hacerlo todo en el nombre del Señor?

Qué regalo puede ser mejor

Y reposará sobre él el Espíritu del Señor,
espíritu de sabiduría y de inteligencia,
espíritu de consejo y de poder,
espíritu de conocimiento y de temor del Señor.
ISAÍAS 11:2 LBLA

Dios lleno de gracia, ¿qué regalo puede ser mejor que tu Espíritu? Primero lo enviaste a Jesús y después, a través de él, a todos lo que lo aceptan como Salvador. Su ayuda, comprensión, empujoncitos y cambios en mi corazón me han dado una nueva vida. Gracias, Señor, por el preciosísimo regalo de ofrecerte a ti mismo. Sean cuales sean mis insatisfacciones, ninguna tiene que ver con tu Espíritu. Tú tomas todo lo que es horrible, todo lo que me lastraría, y lo sustituyes con belleza y me das alas. Te estoy muy agradecida, Dios. Te amo y amo a tu Espíritu Santo con todo mi corazón.

¿Qué regalo puede ser mejor que el regalo del Espíritu de Dios viviendo en ti?

Con tu amor

Me diste vida, me favoreciste con tu amor,
y tus cuidados me han infundido aliento.
JOB 10:12 NVI

Padre, hoy te doy las gracias por tu amor.
En comparación con tu grandeza, la ternura que
muestras a tus hijos es todavía más extraña. Aquí, en
la tierra, la grandeza y la arrogancia son compañeras
mucho más usuales. De nuevo medito en quién eres
y me maravillo. Pensar en esto me hace odiar mis
malas intenciones, que aparecen de vez en cuando.
Al ver tal dulzura de tu parte, que eres perfecto en
cada aspecto, ¿quién soy yo para mostrar irritación
o malicia? ¿Qué me hace tan especial? Perdóname,
Padre. Y gracias porque, en tu bondad, ¡ya lo has
hecho! Ayúdame a merecer más de tu favor gratuito,
Señor, dándome un corazón más lleno de amor.

**¿Has reflexionado en la bondad de Dios hacia ti
últimamente?**

La humildad de Jesús

Luego echó agua en una vasija, y comenzó a lavar los pies
de los discípulos y a secárselos con la toalla que tenía ceñida.
JUAN 13:5 LBLA

Dios, la humildad de Jesús es casi incomprensible.
La persona más grande que ha vivido jamás, la única
persona realmente grande que ha habido sobre la tierra,
se hizo alegremente siervo de otros. Gracias por este
ejemplo perfecto de cómo debemos pensar sobre nosotros
mismos. Confieso que necesito ayuda para poder llegar
a este punto, Padre. Al lado de nuestro Señor, veo que
soy orgullosa y que exijo cosas a las que no tengo
derecho. Su pobreza, su falta de hogar y su cercanía a los
quebrantados a mí me romperían. Jamás se me pasaría
por la cabeza hacer lo que hizo él: lavarles los pies a sus
discípulos. Y después pasar por la tortura, la humillación y
el rechazo en nombre de las mismísimas personas que lo
mataron. Para mí es toda una lección. Jesús, gracias por
tu humildad y por tu sacrificio. Gracias por enseñarme, a
través de tu muerte, cuál es la mejor manera de vivir.

¿Te consideras a ti misma como una sirvienta?

Ten misericordia

Acerquémonos, pues, confiadamente
al trono de la gracia, para alcanzar misericordia
y hallar gracia para el oportuno socorro.
HEBREOS 4:16 RV60

Dios, ten misericordia, empezando por perdonar cualquier ocasión en la que yo haya dicho esto por algo trivial. Tu misericordia es un regalo precioso, demasiado valioso como para reducirla a un cliché. Tú conoces mi necesidad. Tú sabes cuándo estoy bajo una presión que ya no puedo soportar en mi propia vida, y tú eres capaz de aliviar el sufrimiento de aquellos por los que también lloro. Aquí estoy, Dios, ante tu trono. Inclino mi cabeza en reverencia, pero me acerco con el atrevimiento de alguien que sabe que no está fuera de lugar. Sé que soy bienvenida aquí y que tú ansías responder a mis súplicas. Así que ten misericordia, Señor, y alivia mi lastre. Te entrego mis cargas.

¿Has encontrado misericordia y gracia en tus momentos de necesidad?

Hecha nueva

Crea en mí, oh Dios, un corazón limpio,
y renueva un espíritu recto dentro de mí.
SALMO 51:10 RV60

Dios, solo el hecho de estar cerca de ti me convierte en una nueva persona. Tú renuevas todo lo que tocas. Por favor, Padre, ¡acércate! Mi corazón ha empezado a enturbiarse y mi espíritu está contaminado. El mundo me dejaría tal cual, pero tú prometes limpiarme y permitirme volver a empezar de nuevo. Y mientras te estoy pidiendo esto ya estoy notando el cambio que estás causando en mí. Cuanto más te acercas, más alejas la oscuridad. ¡Gracias, Señor! Da igual cuántas veces lo necesite: tu renovación está siempre a mi alcance. Es quien eres y te amo por ello.

¿Has experimentado la refrescante renovación de un espíritu recto y limpio?

Lo suficientemente milagroso

¿Acaso nunca van a creer en mí a menos
que vean señales milagrosas y maravillas?
JUAN 4:48 NTV

Señor, no necesito verte devolver la vista a los
ciegos, el oído a los sordos o la movilidad a los
paralizados para saber que tú eres quien dices ser.
El milagro de este corazón transformado es la única
prueba que necesito. Hasta que llegaste a mí, las
historias sobre tu poder eran eso, solo historias, pero
ahora son pruebas de lo que yo sé que es verdad. Tú
eres Dios. Puedes hacer lo que quieras. Ojalá nunca
dé esto por sentado. Ojalé nunca decida que, si no
curas un cáncer o mueves una montaña, tú no eres
para mí. Ojalá que este corazón, antes frío y duro,
sea milagro suficiente para mí.

¿Necesitas señales y maravillas para creer en Jesús?

Un camino para volver a casa

Y todo esto proviene de Dios, quien nos reconcilió
consigo mismo por Cristo, y nos dio el ministerio
de la reconciliación [...].
2 CORINTIOS 5:18 RV60

Señor, sé que si de ti dependiera nunca tendríamos
que reconciliarnos. Andaría en tu luz y honraría
tus leyes solo porque te amo. Pero tú me das la
opción de decidir y, a veces, elijo mal. Ignoro el
amor y todas las cosas maravillosas que has traído
a mi vida y me decanto por el pecado. Esto pone
distancia entre tú y yo, y me toca a mí solucionarlo.
¡Gracias por darme un camino para volver a casa!
Como Jesús ya ha pagado el precio de mis pecados,
solo tengo que admitirlos ante ti y pedirte que los
perdones, y volvemos a estar reconciliados. La
distancia desaparece y tú estás cerca de mí.

**¿Has experimentado el ministerio de la
reconciliación?**

No tengo ganas

El de manos diligentes gobernará;
pero el perezoso será subyugado.
PROVERBIOS 12:24 NVI

Señor, tú eres tan incansable, tan dedicado y diligente, que me pregunto qué pensarás de la pereza. Intento imaginarme un mundo en el que tuviera que «apetecerte» protegernos del mal o responder a nuestras oraciones para sanarnos y perdonarnos. Al principio casi da risa pero, si lo pienso bien, me resulta aleccionador. ¿Qué derecho tengo yo, que tanto tengo a cambio de tan poco, para decidir que «hoy no tengo ganas»? Perdóname, por favor, Dios, y envíame a tu Espíritu para motivarme. Renueva mi gratitud, junto con mi sentido del deber, y haz que me dedique voluntariamente a las bendiciones y responsabilidades que me has confiado. Santo Espíritu, dame un gozo nuevo y haz que se convierta en mi único estado de ánimo.

¿Hoy no te apetece hacer nada? ¿Cómo puedes sacar fuerzas de la diligencia de Dios esta vez?

Esperándome

Ustedes necesitan perseverar para que, después de haber cumplido la voluntad de Dios, reciban lo que él ha prometido.
HEBREOS 10:36 NVI

Señor, esto de correr es duro y la carrera, larga. A veces, aunque veo la línea de meta y casi puedo sentir la corona sobre mi cabeza, no estoy del todo segura de poder dar otro paso. Llevo ya tanto tiempo y estoy tan, tan cansada, que empiezo a decirme «No es más que una corona». La derrota me invita a descansar a la sombra y me veo tentada. Necesito tus fuerzas. ¡Ayúdame a perseverar, Señor! Recuérdame por qué estoy corriendo y qué me espera al final. Estoy aquí porque es donde tú me has enviado. Estoy corriendo porque es lo que tú me has dicho que haga. Y, con tu ayuda, terminaré, porque tú me esperas y porque estar contigo bien vale un millón de pasos más.

¿Estás perseverando para recibir lo que Dios te ha prometido?

El primero y de verdad

No amen a este mundo ni las cosas que les ofrece,
porque cuando aman al mundo no tienen
el amor del Padre en ustedes.
1 JUAN 2:15 NTV

Señor, cuán bello, interesante y emocionante has hecho que sea este mundo. Has hecho que las personas sean tan únicas y preciosas, que el trabajo sea tan gratificante, que el juego sea tan divertido, que cuesta no amar este mundo. De hecho, podría decirse que estoy fallándote. Porque aquí es donde estoy, y estas son las cosas que puedo ver y tocar y probar, y a veces olvido que esto no es todo lo que hay. ¡Perdona mi mundanalidad, Padre! Ayúdame a apreciar tu creación, a amar a las personas y a disfrutar del trabajo gratificante sin hacer que sean más importantes para mí que tú. Ayúdame a respetar la vida sin temer a la muerte, Dios. Ayúdame a recordar que tú eres mi primer amor, y el de verdad.

¿Es Jesús tu primer amor, y el de verdad?

Diciembre

El Señor está cerca de todos los que
lo invocan, sí, de todos los que
lo invocan de verdad.

SALMO 145:18 NTV

Hazme sabia

Bienaventurado el hombre que halla sabiduría
y el hombre que adquiere entendimiento.
PROVERBIOS 3:13 LBLA

Padre, tú dices que lo que más importa es la sabiduría. Necesito ayuda para comprender cómo una cabeza despejada y sensata es más valiosa que las riquezas, la salud o las obras. No quiero ser como una niña que quiere vivir solo de pastel de cumpleaños y caramelos. Ayúdame a ver el valor de algo tan intangible y difícil de obtener. Quiero ser madura en las cosas del cielo. Hazme lo suficientemente sabia como para entender, Dios. Entonces seré capaz de ordenar mis prioridades como lo harías tú. Hazme lo suficientemente sabia como para elegir el amor por encima del éxito, la salud espiritual por encima del bienestar físico y los tesoros del cielo antes que las posesiones en la tierra. Hazme lo suficientemente sabia como para buscar primero la sabiduría.

¿Estás buscando la sabiduría de Dios primero?

Más brillante aún

Por tanto, nosotros todos, mirando a cara descubierta
como en un espejo la gloria del Señor, somos transformados
de gloria en gloria en la misma imagen,
como por el Espíritu del Señor.
2 CORINTIOS 3:18 RV60

Señor, gracias por la belleza de la transformación.
Cada día que cambias una vida, entra más de tu
gloria en el mundo y cada vez es más brillante y
bonito. Ojalá todo el mundo supiera lo maravillosas
que podrías hacer que fueran sus vidas. ¡Sería una
gloria deslumbrante! Ayúdame a reflexionar en tu
imagen de forma que seas irresistible para mí, Dios.
Quítame el miedo a brillar, hazme ser valiente como
para retirar por completo mi velo. Y, en mi valentía,
hazme brillar todavía más, reflejándote con más
claridad aún e invitando a los demás a hacer lo
mismo. ¡Qué mundo más glorioso y bello sería!

**¿Cómo crees que Dios te va a transformar
para que brilles más?**

Esforzándome

No se preocupen tanto por las cosas que se echan a perder, tal como la comida. Pongan su energía en buscar la vida eterna que puede darles el Hijo del Hombre. Pues Dios Padre me ha dado su sello de aprobación.

JUAN 6:27 NTV

Jesús, cuánta claridad y perspectiva aportan tus enseñanzas a mi vida. ¡Gracias por eso! Es muy fácil dejarse atrapar por esta vida, persiguiendo la aprobación y buscando lo material. Mire donde mire encuentro algo que apunta a objetivos que terminan aquí. Hasta que alzo la vista y veo el único objetivo realmente digno de todos mis esfuerzos. Independientemente de mi vocación, haz que mi trabajo me acerque todavía más a ti. Tú me sostienes, Jesús. Tu aprobación le da sentido a mi existencia. Tú eres vida, Señor. Cuán claro lo tengo cuando dirijo los ojos al cielo. Jesús, captura mi mirada. Recuérdame que viva para las cosas que tú has dispuesto para mí.

¿Estás viviendo para las cosas que Dios ha dispuesto para ti?

En tu palabra

Por la fe entendemos que todo el universo
fue formado por orden de Dios,
de modo que lo que ahora vemos no vino de cosas visibles.
HEBREOS 11:3 NTV

Dios, no puedo probar que eres real, pero tengo más fe en ti que en cualquier cosa que pueda demostrar. He leído tu Palabra, he oído hablar de milagros e incluso he sentido tu amor sanador, pero no tengo pruebas físicas. No podría demostrar tu existencia ante un juzgado. Aun así, sé lo que sé. Y por eso se le llama fe, ¿no? Si quisieras que todo el mundo lo supiera, sin dejar lugar a la decisión, imagino que simplemente te limitarías a descender entre llamas de los cielos y nos lo dirías. De hecho, suena muy emocionante y ojalá yo esté ahí para verte cuando lo hagas. Pero, mientras tanto, decido creer solo a partir de tus palabras.

¿Has decidido creer en las palabras de Dios y creer que él es?

Guiándome

Ya sea que te desvíes a la derecha o a la izquierda,
tus oídos percibirán a tus espaldas una voz que te dirá:
«Este es el camino; síguelo».

ISAÍAS 30:21 NVI

Dios, quiero seguirte, pero una y otra vez me dejas llevar la delantera. Al principio todo esto de avanzar a base de intuiciones y empujones parece emocionante. Pero entonces el camino se bifurca y empiezo a desear que ojalá estuvieras delante de mí y empezaras a caminar. Lo que estoy aprendiendo es que ese es el momento de quedarme quieta y escuchar. Si estoy atenta, te oigo. «Por aquí», me dices. «Gira allí», me animas. «Todavía no», me adviertes. Gracias por dirigirme desde detrás, Padre; por permitirme andar mi camino, pero con seguridad y dentro de tu voluntad. Tus susurros son un regalo: puedo aceptarlos o ignorarlos. Como bien sabes, he hecho ambas cosas, pero una de las dos opciones es infinitamente mejor. Así que, dime, Señor: ¿qué viene ahora?

¿Te está dirigiendo el Señor?

Libre para servir

Como libres, pero no como los que tienen la libertad como
pretexto para hacer lo malo, sino como siervos de Dios.
1 PEDRO 2:16 RV60

Dios, gracias por mi libertad. Muchas gracias por
tener tanto amor por mí y tanta fe en mi destino final
como para permitirme ir y venir, intentar y fallar,
y vivir y aprender como yo decida. Antes de ser
libre, todo lo que quería era ir en pos de mis propios
intereses. Ahora que estoy en la libertad, descubro
que lo que más quiero es estar cerca de ti, servirte.
Aun así, la tentación acecha. Como soy libre para
servirte, también soy libre para servir al mal. Guarda
mi corazón, Señor. Recuérdame cuán pasajero es el
placer del pecado y cuán permanente es el gozo de
tu presencia. Gracias por tu libertad. Elijo, libremente,
servirte a ti.

¿Estás disfrutando de la libertad de servir a Dios?

Un regalo indescriptible

¡Gracias a Dios por su don inefable!
2 CORINTIOS 9:15 rv60

Dios, aunque lo intento cada día, descubro que no soy del todo capaz de transmitir en palabras lo que has hecho por mí desde que llegaste a mi vida. La vida es, sencillamente... buena. Las cosas difíciles son... más fáciles. Me siento... mejor. Es inadecuado describirlo así, lo sé, pero el regalo de tu influencia a veces queda más allá de mi capacidad de descripción. Gracias, Señor, por tu regalo imposible de describir. No hay nadie como tú, así que quizá es por eso por lo que no es posible encontrar las palabras perfectas para explicarte. Pido que mi gozo sea lo suficientemente atractivo como para superar mi pobre descripción y que aquellos que te necesiten puedan invitarte y descubrirte por sí mismos.

¿Le has dado las gracias al Señor últimamente por su regalo indescriptible?

No más tristeza

Él les secará toda lágrima de los ojos,
y no habrá más muerte ni tristeza ni llanto ni dolor.
Todas esas cosas ya no existirán más.

APOCALIPSIS 21:4 NTV

Vuélvemela a contar, Abba. Cuéntame la historia del cielo que viene a la tierra y de cómo la muerte y la tristeza y las lágrimas y el dolor desaparecerán para siempre. Me encanta esa historia. Necesito esa historia, especialmente cuando el dolor me toma por sorpresa tras meses de silencio. Volveré a verlos a todos. Volveré a verlos a todos de nuevo. Señor, necesito esa historia cuando un odio demasiado horrible como para comprenderlo sale en los titulares y cuando las personas a las que amo están sufriendo de un modo que no puedo evitar. Dios, necesito esa historia como necesito el aire para respirar. Espero con ansia el día en el que esto sea más que una historia. Y, mientras, recuérdame de nuevo qué es lo que hay por venir.

¿A que será maravilloso cuando la pena, el llanto, el dolor y la muerte desaparezcan para siempre?

Hipocresía

¡Hipócrita! Primero quita el tronco de tu ojo; después verás lo suficientemente bien para ocuparte de la astilla en el ojo de tu amigo.

MATEO 7:5 NTV

Señor, la próxima vez que esté señalando con el dedo a alguien, te ruego que me pongas delante un espejo. En el momento en el que empiece a hacer sugerencias para que las personas puedan mejorar, ilumina mis defectos. Y, por favor, perdona mi hipocresía, Señor. Hasta que mi propia visión sea clara, mantén mis dedos alejados de los ojos de mis amigos. Sé que ya he acudido a ti con este tema antes, Dios, y ya te aviso que seguramente vuelva a hacerlo otras veces. Se trata de una trampa muy inteligente, en la que es fácil de caer, pero en cuanto estoy dentro, deseo con desesperación poder escapar de ella. No me permitas ser esa persona, Señor, que ha diagnosticado tanto a los que la rodean que ha acabado por alejarlos a todos. Hazme ser alguien transparente y misericordioso, no alguien que juzga y que se engaña a sí mismo. Si hay un pecado que deba identificarse, que sea el mío propio.

¿Ya te has sacado el tronco de tu propio ojo en vez de dedicarte a inspeccionar a las personas que te rodean?

Llévame mar adentro

Así que dejemos de repasar una y otra vez las enseñanzas elementales acerca de Cristo. Por el contrario, sigamos adelante hasta llegar a ser maduros en nuestro entendimiento. No puede ser que tengamos que comenzar de nuevo con los importantes cimientos acerca del arrepentimiento de las malas acciones y de tener fe en Dios.

HEBREOS 6:1 NTV

Señor, eres maravillosamente complejo, siempre capaz de sorprenderme y de enseñarme. Incluso un versículo que he leído docenas de veces antes a veces adquiere un significado nuevo cuando realmente presto atención a tu voz. Si mi fe fuera una barca de pesca, estaríamos alejándonos más y más de la orilla, en busca de los peces grandes. Llévame mar adentro, Señor. En otras ocasiones, siento que mi bote ha soltado el ancla. Estudio como si fuera una obligación; mis oraciones son rutina. Así que de nuevo, te pido: llévame mar adentro, Señor. No quiero estar satisfecha con saber sobre ti: quiero conocerte a ti. No quiero conformarme con ser salvada: quiero ser liberada. El contentamiento está bien, pero quiero salir a pescar en pos del gozo.

¿Estás lista para adentrarte más en Dios?

Sin tardanza

El Señor no se tarda en cumplir su promesa, según algunos entienden la tardanza, sino que es paciente para con vosotros, no queriendo que nadie perezca, sino que todos vengan al arrepentimiento.

2 PEDRO 3:9 LBLA

Señor, sé que te doy a menudo gracias por tu paciencia: estaría perdida sin ella. ¿Cuántos acabarían por perderse si un día decidieras plantarte? «Hasta aquí hemos llegado. Han tenido ya su oportunidad». O «Bueno, nadie se ha preocupado de decirles quién soy... mala suerte». Es una idea que asusta, una que me hace sentirme más agradecida que nunca por el hecho de que estés tan dispuesto a esperarnos. ¡Cuánto nos amas, Señor! Quieres que tengamos todas las oportunidades posibles para venir a ti. Yo a duras penas estoy dispuesta a esperar por cualquier cosa. Gracias por tu paciencia con nosotros y por el deseo que tienes de que todos acabemos por conocerte. Tú eres, y lo repito otra vez, maravilloso.

¿Qué estás esperando que el Señor haga por ti?

Paz en la tierra

¡Gloria a Dios en las alturas, y en la tierra paz,
buena voluntad para con los hombres!
LUCAS 2:14 RV60

Señor, ¿no te cansas de que tus hijos se peleen constantemente? No entiendo este mundo; ¿cómo puede ser que a las personas les guste tanto buscar problemas? La armonía y la paz son muchísimo mejores... Pero un mundo donde todo el mundo se lleve bien solo existe en mi imaginación. Y ¡me encanta imaginármelo! Me recuerda a lo que he leído sobre el cielo, donde incluso el león y el cordero son amigos. Solo de pensar en ir caminando por cualquier calle del mundo en cualquier noche del año sin nada que temer se me corta la respiración. Oro para que haya paz en esta tierra, Padre. Sinceramente, qué ganas tengo.

¿Puedes armarte de valor hoy sabiendo que, tarde o temprano, acabará habiendo paz en la tierra?

Un plan que te agrade

Los pensamientos del diligente ciertamente
tienden a la abundancia;
mas todo el que se apresura alocadamente,
de cierto va a la pobreza.
PROVERBIOS 21:5 RV60

Dios, el planificador supremo, ¿qué te parecen los planes que hacen tus hijos? ¿Estás satisfecho con los que hago yo? Me encanta planificar, y siempre intento orar y escuchar tus indicaciones, pero sé que a veces puedo estar imaginándome que me has dado el «venga, adelante» cuando se trata de algo que siempre he querido. Quiero trazar planes que te agraden, Dios, así que hazme conocer tu voz. Si alguna vez estoy planificando en vano, hazme saber que no estás detrás de mí. Y, de todos modos, no me apetece ir a ningún lado si tú no me acompañas. Si no es el camino que tú eliges para mí, no me interesa saber a dónde lleva. Por mucho que quiera este futuro en mi cabeza, te quiero más a ti.

¿Crees que el Señor está satisfecho con tus planes?

Haciendo lo tuyo

Así como nuestro cuerpo tiene muchas partes y cada parte
tiene una función específica, el cuerpo de Cristo también.
Nosotros somos las diversas partes de un solo cuerpo
y nos pertenecemos unos a otros.

ROMANOS 12:4-5 NTV

Señor, me encanta ver a alguien que ha descubierto
su propósito haciendo lo que se le da bien. Desde
aquellos que marcan goles hasta los que predican el
evangelio, las personas que saben realmente quiénes son
y por qué están donde están tienen algo muy especial.
Yo estoy empezando a ver qué es lo que hago yo, Dios,
¡pero cualquier indicación tuya es bienvenida! Eso sí, sé
qué es lo que no se me da bien; eso es mucho más fácil
de discernir. Hay talentos con los que has bendecido
a otros que, claramente, no son parte de tu plan para
mí. Ayúdame a centrarme exactamente en la misteriosa
combinación de talento y pasión que me harán saber
cuál es exactamente mi propósito, Señor. Yo también
quiero estar ahí, haciendo lo mío, para ti.

¿Sabes quién eres y por qué estás aquí?

Pruebas más duras

Amados, no os sorprendáis del fuego de prueba que en medio de vosotros ha venido para probaros, como si alguna cosa extraña os estuviera aconteciendo; antes bien, en la medida en que compartís los padecimientos de Cristo, regocijaos, para que también en la revelación de su gloria os regocijéis con gran alegría.

1 PEDRO 4:12-13 LBLA

Señor, he oído que, cuanto más soporte ahora, más lo celebraré contigo más adelante. Si pienso en esta prueba por la que estoy pasando ahora mismo, de verdad que deseo que eso sea cierto. Debo de estar haciéndolo muy bien en clase, porque las pruebas son cada vez más y más duras. Tengo que admitir que empiezo a esperar con ansia mi graduación, las vacaciones de verano o, al menos, la hora del recreo. Recuérdame que todo esto valdrá la pena, Señor, para poderme enfrentar con valentía a esta temporada. Hazme tener presente que no recordaré ni un minuto de este sufrimiento en cuanto esté contigo en el cielo. Vuélveme a decir cuánto me amas, que nunca me dejarás y que, el día de la graduación, serás el Padre más orgulloso del mundo.

¿Te estás enfrentando con valentía a esta temporada, sabiendo que al final todo habrá valido la pena?

Tantísimo

Mas Dios muestra su amor para con nosotros,
en que siendo aún pecadores, Cristo murió por nosotros.
ROMANOS 5:8 RV60

Señor, nunca me canso de agradecerte tu sacrificio en la cruz. No tiene ningún sentido, y esa es la mejor parte. No lo merecíamos, no lo merecemos y no lo mereceremos. Tantísimo nos amas, a pesar de todos nuestros fallos. ¡El hecho de que me ames con locura, tal como soy, me hace querer ser mejor! Con una profundidad de sentimientos que la culpabilidad y la vergüenza jamás podrían inspirar, ansío complacerte, honrarte, merecer tu loco amor. Como no tengo que cambiar, quiero hacerlo: tantísimo te amo.

¿Amas tanto al Señor como para querer ser más cómo él?

Antes de este momento

Porque para todo lo que quisieres hay tiempo y juicio;
porque el mal del hombre es grande sobre él.
ECLESIASTÉS 8:6 RV60

Sabio Padre, ¿cómo ayudo a alguien a esperar
el momento que tú has elegido cuando a mí misma
también me cuesta esto? Es muy difícil decirle a
alguien que aguante cuando a mí a duras penas me
queda paciencia. Por favor, dame sabiduría mientras
ayudo a mis seres queridos a confiar en tu plan.
Señor, dirígeme a pasajes de ánimo y esperanza
en tu Palabra. Silencia mi lengua cuando solo hace
falta mi oído. Inspírame, Dios, para ser el apoyo
perfecto que necesiten en este tiempo de espera.
Recuérdanos a ambos que tú decidiste los tiempos
mucho antes de este momento, y que todo terminará
en un punto repleto de promesas y de paz perfecta.

**¿Cómo puedes esperar con paciencia el momento
perfecto de Dios?**

Desacelera

El prudente se anticipa al peligro y toma precauciones.
El simplón sigue adelante a ciegas y sufre las consecuencias.
PROVERBIOS 27:12 NTV

Señor, he asumido bastante más de lo necesario y un poquito más de lo que debería. Me he adelantado a ti, tanto que no puedo oír tus advertencias ni refugiarme tras tu escudo. Tengo la sensación de estar en una cinta de correr que va más rápido de lo que me dan las piernas. Por favor, Dios, ayúdame a desacelerar. Ansío la simplicidad pero, cada vez que está a mi alcance, la saboteo añadiendo solo una cosita más; mi velocidad de nuevo rozando el límite. Señor, si estoy dirigiéndome de cabeza a los problemas y soy demasiado débil o testaruda como para detener por mí misma esta cinta de correr, te ruego que la detengas. Quítame algo, incluso aunque me queje. Confío en ti, Dios, para que simplifiques mi vida.

¿En qué áreas puede que tengas que desacelerar?

Con atrevimiento y fruto

Yéndose un poco adelante, se postró en tierra, y oró que si fuese posible, pasase de él aquella hora. Y decía: «Abba, Padre, todas las cosas son posibles para ti; aparta de mí esta copa; mas no lo que yo quiero, sino lo que tú».

MARCOS 14:35–36 rv60

Dios, pienso en la fe de Jesús. Enfrentándose a un dolor inimaginable, te pidió otra opción si era posible, y después rindió su vida a tu voluntad. ¿Podría yo ser tan fuerte? ¿Podría confiar en ti con tanta certeza? Señor, como Jesús, haz que mis oraciones sean atrevidas y fructíferas. No te pido que me pruebes o que me permitas demostrármelo a mí misma. Te pido crecer en confianza como para simplemente tener certeza. Ansío una fe tan sólida que ninguna prueba pueda causarme dudas. Te pido un amor por ti tan profundo que ni siquiera tenga que pensármelo.

¿Ansías una fe profunda y firme?

Un canal de consuelo

El cual nos consuela en todas nuestras tribulaciones,
para que podamos también nosotros consolar a los que están
en cualquier tribulación, por medio de la consolación con que
nosotros somos consolados por Dios.

2 CORINTIOS 1:4 RV60

Padre, tu abrazo es tierno y fuerte a la vez. Estar en tus brazos me trae consuelo, sean cuales sean mis circunstancias. Cuando acudo a ti como una niña, gateando hasta estar en tu regazo y acurrucándome en aquel lugar hecho especialmente para mí, no hace falta que te diga nada. Tú sabes qué necesito y me lo das con amor. Gracias, Abba. Por favor, Señor, conviérteme en un canal de tu consuelo. Haz que tu paz y tu sabiduría fluyan a través de mí de modo que los demás se sientan seguros, amados y respaldados en mi presencia. Habita en mi abrazo, Dios, y envía tu consuelo directamente a sus corazones.

¿Hay alguien a quien tengas que consolar?

Terminando

Yo sé que tú puedes hacer todas las cosas,
y que ningún propósito tuyo puede ser estorbado.
JOB 42:2 LBLA

Padre, por Navidades siempre ando atareada con mis planes: las compras, las fiestas y los preparativos consumen nuestra cultura. Me dejo arrastrar por el torbellino de emoción y estrés. ¡Recuérdame, Señor, que el estrés no forma parte del plan! Haz que vuelva a recordar tu intención para esta preciosa celebración. Ayúdame a festejar tu plan: enviar a un perfecto sacrificio al mundo para que, durante el resto del tiempo, las personas como yo puedan acudir directamente a ti, como lo hago yo ahora, con sus necesidades, arrepentimiento y alabanza. Gracias, Dios, por llevar a cabo tu precioso plan. A medida que avanzo en estas festividades, haz que este regalo sea el que esté más presente en mi mente.

¿Estás lista para celebrar el regalo de Dios con gozo durante estas Navidades?

Benditas palabras

Tiempo de romper, y tiempo de coser;
tiempo de callar, y tiempo de hablar.
ECLESIASTÉS 3:7 RV60

Dios, cuando tú hablas, todo lo demás se detiene. No queremos perdernos ni una sola palabra, ni entender incorrectamente un significado. Y creo que es porque sabemos que es importante. No hablas constantemente, así que cuando lo haces, ¡llega el momento de escuchar! Mucho me temo que, en mi caso, es todo lo contrario. Hablo mucho más a menudo de lo necesario. Señor, hazme economizar mis palabras. Recuérdame que, antes de hablar, debo preguntarme: «¿Es esto honesto y bueno? ¿Es necesario que lo diga? ¿Serán mis palabras para construir o para derribar?». Haz que mis palabras sean una bendición, Dios. Y, tras ver tu ejemplo, que mi silencio también lo sea.

**¿Cómo puedes decir palabras de bendición
a aquellos que te rodean?**

No puedo perder

Antes, en todas estas cosas somos más que vencedores por medio de aquel que nos amó. Por lo cual estoy seguro de que ni la muerte, ni la vida, ni ángeles, ni principados, ni potestades, ni lo presente, ni lo por venir, ni lo alto, ni lo profundo, ni ninguna otra cosa creada nos podrá separar del amor de Dios, que es en Cristo Jesús Señor nuestro.

ROMANOS 8:37–39 RV60

Maravilloso Padre, tu amor es para siempre. Es una promesa maravillosa. No importa lo que diga, piense o haga, no puedo meter tanto la pata como para que te deshagas de mí. El día en el que aceptamos tu amor es el día en el que nos convertimos en parte permanente de tu familia, en un hijo o hija amadísimos. Es maravilloso. ¡Gracias por Jesús! Muchísimas gracias por tu hijo perfecto y por tu amor perfecto, mediante los cuales podemos ser adoptados en la familia más cariñosa que se ha visto jamás. Gracias por prometerme que no puedo perder tu amor.

¿Crees que no hay nada que pueda separarte del amor de Dios?

Un amor abundantísimo

Pues nos ha nacido un niño, un hijo se nos ha dado;
el gobierno descansará sobre sus hombros,
y será llamado: Consejero Maravilloso, Dios Poderoso,
Padre Eterno, Príncipe de Paz.

ISAÍAS 9:6 NTV

Dios maravilloso, tu precioso propósito me llena de asombro. Mucho antes de aquella noche en Belén, tú le diste a tu profeta Isaías una visión del momento que celebramos. Gracias, Señor, por la complejidad y la paciencia con la que orquestaste nuestra salvación. Gracias por presagiar esta maravillosa historia, dándonos pruebas de que todas tus promesas eran verdad. Gracias por tu amor. Gracias por tu esperanza. Gracias por tu gozo. Gracias por Jesús. Ayúdame a aferrarme a esta gratitud, a este amor por ti. Hazme quedarme en este lugar de promesa, esperanza y fe. Nunca me permitas olvidar tu forma de amar, tan elaborada, tan abundante.

¿No es maravillosa la tremenda abundancia con la que te ama Dios?

Vulnerable

Hoy les ha nacido en la ciudad de David un Salvador,
que es Cristo el Señor.
LUCAS 2:11 NVI

Precioso Jesús, el hecho de que el Padre te
enviara al mundo igual que nosotros, vulnerable,
indefenso y pequeño, me maravilla todavía más.
Cultivaste tu empatía de la forma más complicada,
pasando por todo el dolor, la tentación y las pruebas
que nosotros sufrimos. ¡Muchísimas gracias, Señor!
Gracias por haber sido joven. Haz que esto suavice
mi corazón hacia las personas jóvenes de mi vida.
Gracias por padecer soledad, rechazo y pérdida; haz
que esto me redoble las fuerzas. Gracias por esperar
años y años a que tu propósito divino se viera
cumplido. Haz que esto me inspire con esperanza
mientras yo espero para que se cumpla el mío.

**¿Estás maravillada por Jesús y agradecida por el
hecho de que viniera aquí en forma de bebé?**

Quien da el poder

Hierro y bronce serán tus cerrojos,
y como tus días serán tus fuerzas.
DEUTERONOMIO 33:25 RV60

Poderoso Dios, tú prometes y ofreces fuerza y estabilidad. Me siento débil y temblorosa, Señor, al tener que enfrentarme a la montaña que tengo por delante. Por todas partes me asaltan las dudas sobre mi capacidad y me llegan las invitaciones para rendirme. ¡Perdona las veces en las que sucumbo a estas mentiras, Padre! Dios, me sostengo en tu promesa, sólida y cierta. Tu fuerza es la mía, y es exactamente suficiente. Sigo ascendiendo, con la mirada hacia arriba, centrada en aquel que da fuerzas a mis piernas y claridad a mi mente. ¡Y cumples con lo que dices, Señor, siempre! Cada paso que doy me siento un poco más fuerte, un poco más segura.

¿Crees que el poder de Dios es suficiente para ti?

Fructífera y plena

Por tanto, tened cuidado cómo andáis;
no como insensatos, sino como sabios,
aprovechando bien el tiempo,
porque los días son malos.
EFESIOS 5:15–16 LBLA

Señor, el tiempo se extiende ante ti de formas que no logro comprender pero, aun así, tú no malgastas ni un segundo. Yo, por otro lado, que tengo solo un número finito de horas y un propósito por cumplir, acabo por desperdiciar horas y horas en ociosidad y actividades sin sentido. Si fueras mi jefe, hace tiempo que me habrías despedido. Perdóname, Padre, por mi falta de autodisciplina. Hazme ser consciente de que es una falta de gratitud y de respeto, ¡y tú mereces completamente ambas cosas! Saca a relucir el mal que se esconde en estas pérdidas de tiempo, disfrazadas de inocuo entretenimiento. Hazme ser sabia con mi tiempo, fructífera y plena.

¿Caminas como una persona sabia, aprovechando tu tiempo al máximo?

Padre perfecto

¡Jamás! ¿Puede una madre olvidar a su niño de pecho?
¿Puede no sentir amor por el niño al que dio a luz? Pero aun
si eso fuera posible, yo no los olvidaría a ustedes.
ISAÍAS 49:15 NTV

Padre, ¡cuán perfecto es tu amor! Es mucho más profundo de lo que pueda sentir una madre terrenal: tú me amas con locura. Tú piensas en mí muchísimo más de lo que un padre humano piensa en su hijo. Y tu perdón va mucho más allá de lo que una madre o un padre pueden llegar a perdonar. Perdóname por ser una hija tan desagradecida, Señor. Quiero darte toda la gratitud que merece tu amor. Quiero devolvértela con todo el amor que tengo. Recuérdame lo insignificante que soy ante la profundidad de tus sentimientos por mí. Recuérdame que tú eres mi papi, mi papá. Tú eres Abba, aquel que me ama más allá de toda razón. Dímelo una y otra y otra vez, hasta que «Abba» sea la palabra más dulce que conozco.

¿Te es difícil comprender cuantísimo te ama el Padre?

Una humildad mayor

Así que humíllense ante el gran poder de Dios y,
a su debido tiempo, él los levantará con honor.
1 PEDRO 5:6 NTV

Dios, solo tú eres magnífico. Es así de sencillo. Pero, día a día, Señor, parece que pongo esto en entredicho. Quiero que mis planes, mis plazos y mis ideas sigan adelante. Cuando las cosas no salen como yo quiero, o tan rápidamente como me gustaría, ayúdame a entender que quizá es para hacerme ser consciente de mi insignificancia. Si intento acelerar las cosas, impaciente para que llegue mi momento deseado, hazme ser más humilde, Padre. Hazme aprender a partir del perfecto ejemplo de Jesús, quien se dedicó a servir a otros y fue tentado, probado e incluso torturado de todas las formas posibles. Tú lo humillaste por completo y después lo exaltaste por encima de todo. Yo seguiré el ejemplo de Jesús y esperaré en ti, Señor.

¿Te has humillado para que Dios pueda levantarte?

Te alabo

También vosotros ahora tenéis tristeza; pero os volveré a ver,
y se gozará vuestro corazón, y nadie os quitará vuestro gozo.
JUAN 16:22 RV60

Dios Padre, en los días en los que no encuentro
mi felicidad, tú envías tu gozo. Te alabo. En los
días en los que me quedo sin opciones, tú envías
tu esperanza. Te alabo. En los días en los que mi
dolor es más del que puedo soportar, tú envías tu
consuelo. Te alabo. En los días en los que la pena me
rodea como la niebla, tú envías tu luz. Te alabo. En
los días en los que la soledad me abruma, tú envías
tu Espíritu. Te alabo. Cada día, Señor, te amo. Te doy
gracias. Te alabo.

**¿Cómo puedes adorar siempre al Señor por todo
lo que estás pasando?**

Un camino juntos

Jehová cumplirá su propósito en mí;
tu misericordia, oh Jehová, es para siempre;
no desampares la obra de tus manos.
SALMO 138:8 RV60

Padre, en la víspera de un año nuevo, quiero detenerme y darte las gracias por haberme acompañado durante este año anterior. Aquí sentada, me pongo a reflexionar en todos mis miedos, lágrimas, risas y dolor; en las peticiones que has respondido con lo que yo te he pedido, las súplicas para las que tenías un plan mejor y las oraciones que todavía espero ver respondidas. Y me invade el asombro. Realmente eres maravilloso, Dios. Espero que te hayas sentido orgulloso durante nuestro camino juntos y espero haber avanzado hacia el cumplimiento de tu propósito para mi vida. Tu fidelidad me quita el aliento del agradecimiento que siento; tu amor inalterable me deja sin palabras. Gracias, Señor, por acompañarme en esta vida.

¿Cómo has visto la fidelidad de Dios por ti durante este año?